# 日本語力
## 人生を変える最強メソッド

Logic　Sensitivity

日本語を鍛えることで
「論理」と「感性」が
同時に磨かれる！

出口汪
Hiroshi Deguchi

水王舎

# はじめに

右脳型人間と左脳型人間という言い方があります。

右脳型人間は感性・ひらめき型で芸術家タイプ、左脳型人間は論理的で記憶や分析力に優れた知的なタイプということらしいのですが、じつは人間をそう簡単に二つに分類することはできません。

最近の研究では、右脳型と左脳型という分類は神話に過ぎず、人間は右脳と左脳を同時に使っているということが分かっています。たとえば、数学者は当然論理的ですが、未解決な数式を解き明かす数学者は創造的な試みをしているといえるし、優れた音楽家や芸術家もただ直感力だけに頼っているわけではなく、緻密な計算に裏打ちされた行為をしているともいえるのです。

ＡＩ時代に活躍しようとするなら、じつは右脳と左脳を同時に使いこなさなければなりません。現実の延長線上で考えられることは、すべてＡＩが実現してしまいます。記憶と計算はすでにコンピュータのものであり、人間の仕事ではなくなりました。

現実の延長線上にはないものをイメージするには、鋭い感性や豊かな想像力が必要となります。これらは音楽や芸術など主に右脳の働きとなるのですが、それ以上に有効なのは言語によるイメージ喚起力です。言語は過去や未来のことだけでなく、現実に存在しないものまでありありと脳裏に蘇らせてくれるのです。

じつは、**言語と感性は密接な関係を持っています。**

私が子どもの頃は、二十四色のクレパスしか手に入りませんでした。そのため、私の世界は二十四色で構成されていたのです。のちに萌葱(もえぎ)色や浅黄(あさぎ)色など、古文を学習することで、私の世界はさらに精妙なものへと再構成されました。そして、それが私の感性に影響を与えたのはいうまでもありません。

最近は何でも「ヤバイ」という言葉を表現する人が増えていますが、これほど不思議な言葉はありません。たとえば、映画を観て感動したときも、「あれはヤバイね」。相手を見下したときも、「あの人はヤバイわ」。つまり、いいことも悪いことも、すべてが「ヤバイ」の一言で片付けることができる、まさに万能の言葉なのです。逆にいうと、「ヤバイ」という言葉ですべてを処理している人は、そのような単純な世界の捉え方になり、いつのまにかそれがその人の思考力や感性に影響を及ぼすようになります。まさに言葉に復讐されるのです。

つまり、**日本人は自分が発する日本語によって自身の感性が磨かれていく**のです。

また現実の延長線上にないことをイメージできたなら、それを実現するためにはAIを駆使しなければなりません。そのために必要なのは論理的な言語の使い方です。コンピュータには感性は一切通用しません。私たちは外界からあらゆる情報を脳に取り入れますが、それを論理的に整理できるから、記憶し、思考し、人に説明することができるのです。その時は当然左脳を主に使っているはずです。数学の言語やコンピュータ言語を駆使する前に、日本語の論理的な使い方こそ習得すべきなのです。

グローバル時代に、語学の必要性を痛感している人も多いと思いますが、外国語の能力は母語のそれを超えることはできません。英語力を身につけるためには、まず「日本語力」を鍛えなければなりません。

先日、自動翻訳機がTOEICで900点を突破したというニュースが飛び込んできました。どうやら2020年には約三〇カ国語の翻訳可能なものが登場するようです。今や英語を話せなくても、自動翻訳機がAIによって格段と進歩したことで、海外で仕事をするのでない限り、日本語で何一つ不自由を感じない国内において、果たして英会話がどこまで必要なのかを考え直さなければならない時代となったのです。

正確ではない日本語の使い方をしたり、論理的ではない話し方をすると、自動翻訳機は翻訳不可能になるのか、誤訳をしてしまいます。それなら、語学力の前に、まずは日本語を磨くべきではないでしょうか。


もし、あなたがより魅力的な人間となって、自分の人生を輝かせることができるとしたなら、右脳と左脳の働きを同時にアップさせる必要があります。それを可能にするのが、じつは「日本語力」なのです。

私たちは朝から晩まで、生涯にわたって読む・考える・話す・書くといった日常的な営みを繰り返していきます。しかし、それらはすべて日本語の使い方に過ぎません。多くのビジネスパーソンが必要に駆られて、「読書術」「思考術」「会話術」「文章術」などの本を読んだり、セミナーを受講したりするのですが、結局は表面的なテクニックを学習するだけで、**日本語の使い方を変えない限り、実際には何の役にも立たない**のです。

あなたの日本語を磨くことで、これらはすべて同時にスキルアップするのですから、これほど有効な方法はどこにもないのです。

**論理力と感性の両方を磨くことができたなら、あなたの人生はより輝き出すに違いありません。それは右脳と左脳を同時に働かせることにもなるのです。**

本書はそのために「日本語の練習問題」を数多く作成しました。これらを解くことで、自然と論理力と感性が磨き上げられるように、様々な工夫をしたつもりです。まずは自分の頭で問題を考え、その後に解説をじっくりと読み込んでください。

**■論理と感性を自由に行き来する「両脳思考」**

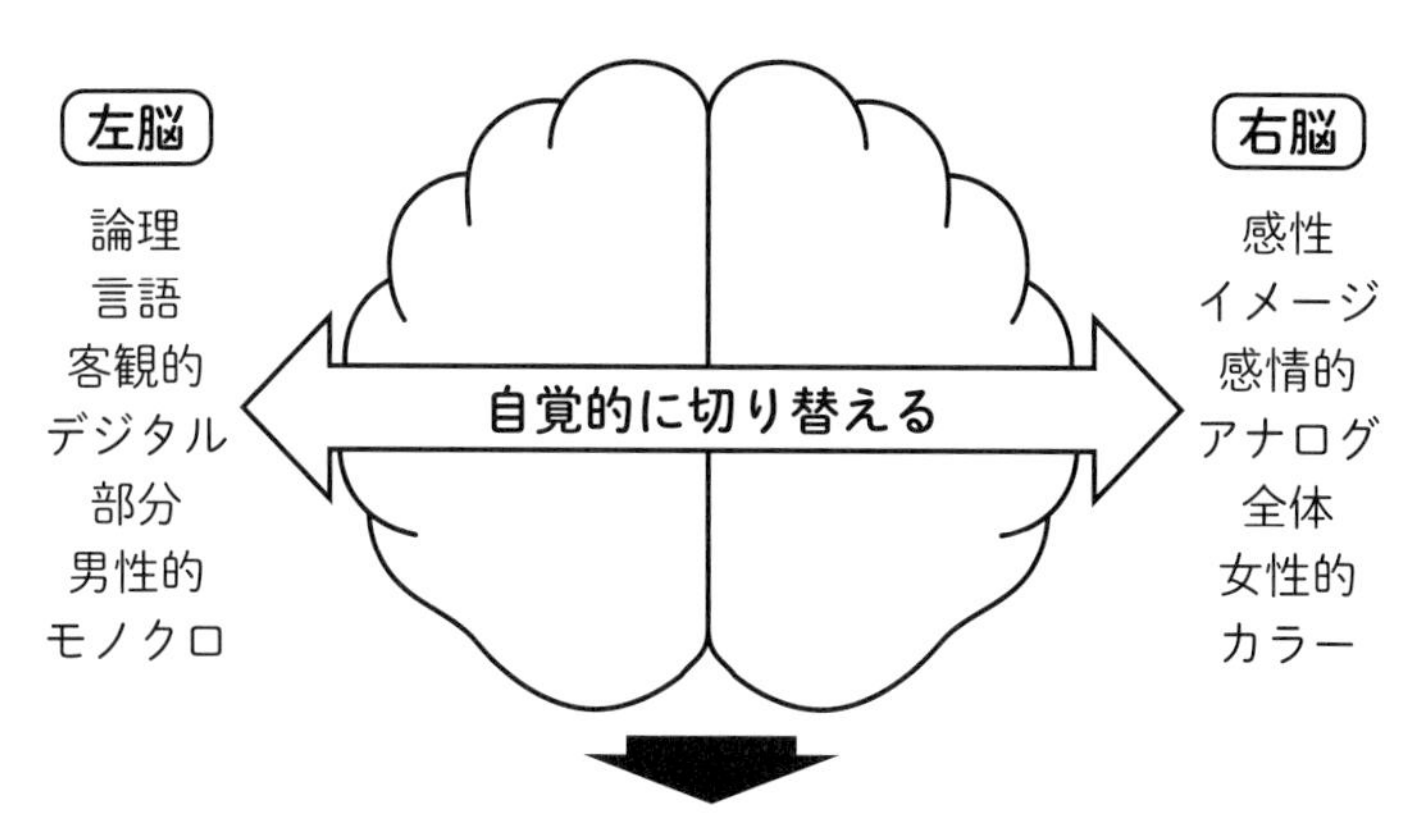

「日本語の練習問題」の多くは名文から作成しています。名文を読むことによって、「日本語力」をより磨くことができるからです。ぜひ文章の美しさを堪能してください。それだけでも本書の価値は十分あるのですから。

日本には、古来言霊という言葉があるように、言葉には魂が宿るといわれています。言葉を磨くとは、あなたの魂を磨くことに他なりません。その結果、明晰な頭脳と鋭い感性を持ち合わせ、深い教養に裏打ちされた魅力的な人間になることができるのです。

あなたの人生を光り輝かせるために、どうぞ「日本語の練習問題」に挑戦してみてください。

出口　汪

# 日本語力
## 人生を変える最強メソッド

日本語を鍛えることで
「論理」と「感性」が同時に磨かれる！

## 目次

## 第3章 明晰な頭脳の作り方

Logic

## 第4章 五感を取り入れることで、瑞々しい表現になる

Sensitivity



## 第5章 「文脈力」で言葉を正確に捉える

Logic

## 第6章 擬音語や比喩で表現の世界を広げる

Sensitivity



## 第7章 論理で頭の中を整理せよ

Logic

# 第8章 言葉では表現できないものを捉える



Sensitivity

# 第1章
# 敬語を武器に人間関係を構築せよ

本書の目的は「日本語力」を鍛えることで、論理力と感性を同時に磨くことです。そのためには名文を中心とした「日本語の練習問題」を解いていきましょう。

まずは、「敬語」の問題から始めることにしましょう。

## 敬語は論理の手段の一つである

敬語というと、大抵の人は日々の仕事でなんとなく使っているだけかもしれません。あるいは、尊敬語、謙譲語、丁寧語という知識を記憶しているだけかもしれませんね。しかし、日本の社会において人間関係を円滑にしようと思えば、敬語を武器として駆使できるようにしなければなりません。

**社会における最大の悩みは、人間関係がうまくいかないこと**です。上司と部下の関係、目上の人と目下の人との関係、取引先の相手との関係、先生と生徒の関係、子供をめぐるママ友の関係など、人間関係が円滑になれば、仕事もスムーズに進みますし、日常生活においてもストレスを感じることが減少するはずです。

**敬語は単なる文法的知識ではなく、人間関係をコントロールするための、非常に有効な**

**武器であり、論理的手段の一つ**なのです。

**問題1**

**次の選択肢の中で、正しい日本語の使い方を一つ選びなさい。**

**ア　課長、今度の企画、存じ上げておられましたか？**

**イ　あなたのご意見について、申し上げたいことがある。**

**ウ　名物のお菓子なので、皆さんでいただいてください。**

敬語表現には尊敬語、謙譲語、丁寧語と三種類ありますが、特に尊敬語と謙譲語の使い分けができていない人が増えています。あなたは大丈夫でしょうか。

尊敬語……相手を敬う言葉（相手を持ち上げる）

謙譲語……自分をへりくだって表現する言葉（自分を下げることで、相手を持ち上げる）

人間関係がうまくいかない人は、自分と相手とはどのような関係なのか、その関係において距離感をどの程度保つべきなのかといった意識が希薄な場合が多いのです。それを意識するためにも、まず尊敬語と謙譲語について復習してみましょう。

そのためには敬語の基本的なルールを知らなければなりません。知らないうちにルール違反をしたために、相手に不快な感情を抱かせてしまうこともあります。さらに敬語を使う場合は、相手に対して心から敬意を込めることが大切です。形式だけ丁寧な言葉遣いは親密さを欠き、かえって相手を遠ざけてしまうことにな

### ■謙譲語と尊敬語

| ［謙譲語］ | ［尊敬語］ |
| --- | --- |
| 自分がへりくだり（下げて）、相手を立てる。 | 相手を立てるときに使う。 |

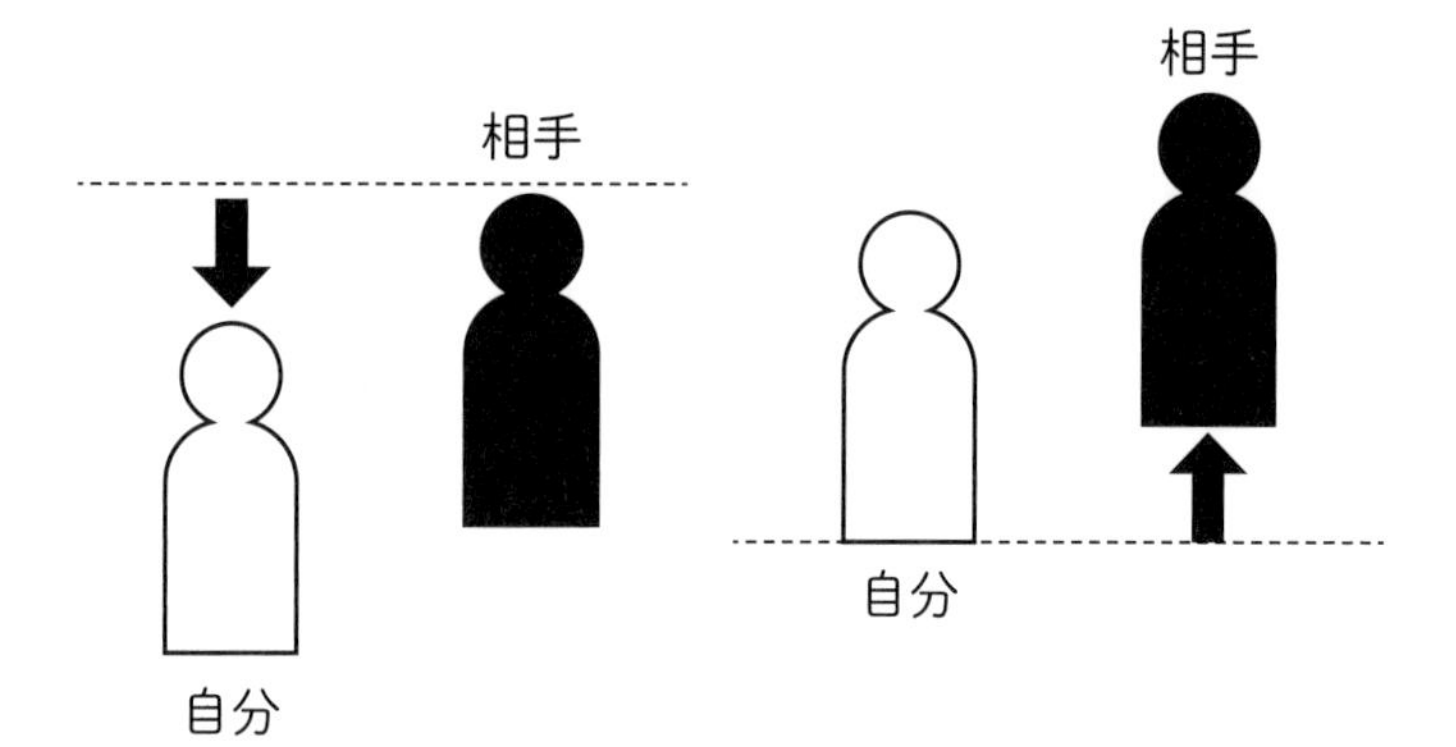

りかねません。

## 解説1

**ア**は相手との関係を考えましょう。まず自分と課長との関係をこの一文から読み取らなければなりません。「おられましたか？」と尊敬語を使っていることから、課長が自分より目上の人だとわかります。そこで、課長の行為については、課長を高めるために尊敬語を使わなければなりません。

ところが、「存ずる」は「知る」の謙譲語。たとえば、「私はそのことを存じております」と、自分を下げる場合に使います。

さて、問題文の「存じ上げて」ですが、「上げて」という言葉がついていてもこれでは課長を下げてしまったことになるので、じつに失礼な表現だといえるのです。

正しくは「知る」の尊敬語の「ご存じ」を使って、「課長、今度の企画、ご存じでしたか？」とするべきです。

**イ**の文では、誰の行為に対して敬語表現が使われているかに注目します。「ご意見」

は「あなた」の行為です。それに対して敬語を使っているので、当然「私」は「あなた」に対して敬意を表さなければなりません。

そこで、「申し上げる」と自分の行為に対して謙譲語を使って、自分を下げているので、正しい表現だといえるでしょう。

もちろん、「ご意見」は尊敬語なので、相手を持ち上げているから、○。

**ウ**は「皆さんでいただいてください」とあります。「いただく」は皆さんの行為だから、敬意を表さなければなりません。ところが、「いただく」は「食べる」の謙譲語なので、間違い。そこで、尊敬語の「召し上がる」を使うべきです。

現に、自分が食べるときに「いただきます」と使いますので「お召し上がりください」とするのが正解。

答え

**イ**

POINT

**知る↓　存ずる（謙譲語）、ご存じ（尊敬語）**
**言う↓　申し上げる（謙譲語）、おっしゃる（尊敬語）**
**食べる↓　いただく（謙譲語）、召し上がる（尊敬語）**

尊敬語、謙譲語の使い分けは一見簡単そうに見えて、意外と普段から正しく使っていない場合が多いのではないでしょうか。どれだけ正しい使い方をしているのか、少し試してみることにしましょう。

**問題2**

**次の敬語表現を正しい日本語に直しなさい。**

**ア　社長がおっしゃられます。**

**イ　先生はおられますか？**

**ウ　部長、もう一度おっしゃってください。**

## 解説 2

**ア**は「おっしゃる」と「られる」の二重敬語です。二重敬語は馬鹿（ばか）丁寧、あるいは慇懃（いんぎん）無礼に取られかねないので、気をつけなければいけません。

**イ**の「おる」は自分がへりくだるときに使う謙譲語。たとえ尊敬の助動詞「られる」の連用形である「られ」を使ったところで、先生を下げてしまうことに変わりはありません。

**ウ**の「ください」は基本的には命令形なので、部長に対して失礼な表現です。最近「ください」を丁寧語だと思って、目上の人や社外の方に多用する場面が見られますが、これは正しい使い方ではなく、失礼にあたる場合もあります。

このような場合は、「おっしゃっていただけますか？」と疑問形にすることで、相手に依頼する表現となります。

**ア　社長がおっしゃっています。**
**イ　先生はいらっしゃいますか？**
**ウ　部長、もう一度おっしゃっていただけますか？**

どうでしたか？　案外間違った敬語の使い方を無意識にしている場合があったのではないでしょうか？

人は不思議なもので、正しい敬語を使うだけで、相手に与える印象がまるっきり異なったものとなります。謙虚で、礼儀正しく、誠実で、品格のある人間に思えてしまうものです。

＼POINT／

**「ください」は命令形なので、時には失礼にあたる場合がある。**

# なぜ日本人は人前で積極的に発言しないのか

以前、カナダのラヴァル大学文学部言語学科の専任講師である溝江達英先生と談笑していたとき、こんな話を聞いたことを今でも記憶しています。

「カナダの学生は講義中に積極的に質問するのはいいが、それが行き過ぎると講義がなかなか前に進まずに困ってしまう」との話に、私は思わず頷(うなず)いてしまったのですが、教育関係者の多くは日本の学生が積極的に質問しないことを否定的に捉えている人の方が多いようです。

日本の高校生や大学生はあまりにも受け身で、講義中に積極的に発言したがらない。他の国の学生のように、もっと活発に発言するように指導しなくてはいけないと。

でも、果たしてそうでしょうか?

世界一の規模を誇る語学学校EFエデュケーション・ジャパンの代表取締役社長であるサンゲさんからも、スウェーデンの学生は積極的に発言するのはいいのだが、そのために教師と生徒が友だちのようになってしまって、師を敬うような精神が育ちにくいのが大きな欠点だと聞いたことがあります。

そのために、授業運営が円滑に進まないことが多いそうです。

果たして、授業中に積極的に発言することが、それほど授業に主体的に参加したことになるのでしょうか。


では、逆に日本の高校生や大学生はなぜ授業中に積極的に発言や質問をしないのか、そこに触れている人はほとんどいません。じつは、日本人は小学生の頃は積極的に手を挙げ、我先にと発言をしたがります。先生が質問するや、一斉に「はい」「はい」と手を挙げ、無邪気に答えようとします。ところが、中学生になり、他者意識が芽生えてくると、次第に周囲の目を気にして発言をしなくなるのです。

手を挙げて発言する自分が、周囲の人の目にどう映っているのかを意識し始めます。

もちろん、授業に対して受動的な生徒も多いのですが、優秀な生徒は決してそうではありません。

授業の準備を念入りにして臨むのは、主体的に取り組もうとしている証拠です。そして、先生の話を真剣に聞き、授業後にはそれを自分の頭の中で整理します。

では、なぜ授業中に質問をしないのでしょうか？

それは、講義中の時間は自分個人の時間ではなく、多くの受講生たちの共有の時間であるから、そんな大切な時間を自分の個人的な質問などに費やすのは申し訳ないという意識が、日本人の心の奥底にはあるためです。

実際、カナダの大学での学生の質問はその大半が幼稚なもので、要は自分が勉強不足でわからないだけのことであることが多いのです。なんと彼らの質問で最も多いのは、辞書で調べればわかる単語の意味だそうです。それでも、彼らは周囲の人にはおかまいなしで、自己主張し続けます。

それが果たして積極的な講義の受け方といえるのでしょうか。

日本人はもしわからなければ、勉強不足の自分を恥じてもっと勉学に励もうと思うか、あるいは自分個人のために共有の時間を費やすのは申し訳ないと、講義終了後にそっと教師に質問するかです。

質問だけが決して講義を受動的に受けている証拠だとは、私には思えないのです。

実際に、私が講義するときは、教室中に張り詰めた空気がみなぎり、受講者の咳払い(せきばらい)さえ気になるほどの静寂があたりを包み込みます。とても質問をするような雰囲気はありません。もちろん、その講義を理解するためには、受講者は前もって懸命に勉強してくることになります。私も質問を必要としない、わかりやすい講義を心がけます。

そうした一体感の中で、教えられる側に教える側への尊敬の気持ちが自然と生み出されてくるのであって、それを決して受け身の授業とは思いません。現に、授業の後に核心を突いた、こちらが感心するような質問をしに来る生徒もいました。

もちろん、海外の学校にも良さがあるし、積極的に質問をしない日本の学校のあり方をすべて肯定するつもりはありません。

日本人は集団の中で己を隠し、なるべく目立たないようにしがちであるし、長いものに巻かれてしまって、自分で責任を取ろうとしないといった欠点を否定することはできません。

ですが、私たちは絶えず**相手との距離感を保ちながら、全体が調和するように、上手に人間関係を構築する**術を心得ています。

そうした私たち日本人のありようが、敬語や婉曲表現など、日本語に表れているのです。

それゆえ、日本語を常に使っている私たちは、他の国の人たちと異なる価値観やものの捉え方を自ずとするようになります。

**日本語が私たちを慎み深く、相手を尊重する民族にした**のです。

それを単に日本人の欠点としてだけ見なすのではなく、より積極的に「美しい日本語」が育んできた精神文化を今こそ世界に伝えていくべき時が来ているのです。

**問題3**

**次の選択肢の中で、正しい日本語の使い方を一つ選びなさい。**

**ア　誠に申し訳ございません。**
**イ　先生、今日はご苦労様でした。**
**ウ　何にいたしますか?**

## 解説3

**ア**の「申し訳ない」は、へりくだった言い方。さらに「ございません」と丁寧語を使っているので、謝意の気持ちがこもった言い方で、○。

**イ**の「ご苦労様」は、目上の人間が目下の人間に使う言葉。目上の人に対しては、「お疲れ様」が正解。

**ウ**の「いたす」は、「する」の謙譲語。相手の動作に対しては「する」の尊敬語「なさる」を使います。「何になさいますか?」が正解。

実際、会社でも部下が上司に対して「ご苦労様です」といった言い方を耳にします。本人には悪気はないのでしょうが、それを言われた上司はいい気持ちがしないに違いありません。あるいは、「こいつは言葉遣いを知らないだめな奴だ」と心の中で決めつけてしまうかもしれません。

「何にいたしますか?」もレストランなどに入ると、店員の口からよく聞く言葉ですね。よく使う尊敬語と謙譲語の知識さえあれば、なんということはないのですから、しっかりと頭の中に叩き込んでください。私たちは生涯日本語を使って生活するので、敬語を知らなければ、無意識のうちに膨大な数の人間に不快感を与えているのかもしれないのです。

答え

**ア**

POINT

**「ご苦労様」は、目上の人間が目下の人間へ。「お疲れ様」は、目下の人間が目上の人間へ。「いたす」は謙譲語で、「なさる」は尊敬語。**

こうした敬語表現は、絶えず自分と相手の関係を意識し、相手を敬う精神から生み出された美しい日本語です。

**日本人は相手の立場も考えずにただ自己主張する表現を好まず、人間関係を「言葉」によって良好なものにする表現を、長い年月をかけて磨き上げてきた**のです。

## ■よく使う敬語

| | 謙譲語 | 尊敬語 | 丁寧語 |
|---|---|---|---|
| 言う | 申す、申し上げる | おっしゃる、言われる | 言います |
| する | いたす、させていただく | なさる、される | します |
| 行く | うかがう、参る | いらっしゃる、おいでになる | 行きます |
| 来る | 参る、うかがう | いらっしゃる、おいでになる、お越しになる | 来ます |
| 知る | 存じる、存じ上げる、承知する | ご存じ、お知りになる | 知っています |
| 食べる | いただく、頂戴する | 召し上がる | 食べます |
| 見る | 拝見する | ご覧になる | 見ます |
| 聞く | 拝聴する、うかがう | お聞きになる | 聞きます |
| 会う | お目にかかる | お会いになる | 会います |
| わかる | かしこまる、承知する | おわかりになる、ご理解いただく | わかりました |
| 読む | 拝読する | お読みになる | 読みます |
| 思う | 存じる、拝察する | お思いになる、おぼし召す | 思います |
| 買う | 買わせていただく | お買いになる、お求めになる | 買います |
| 考える | 検討いたします | お考えになる | 考えます |
| 伝える | 申し伝える | お伝えになる | 伝えます |
| 与える | 差し上げる | くださる、お与えになる | あげます |
| 受け取る | 賜る、頂戴する、拝受する | お受け取りになる | 受け取ります |
| 座る | お座りする、座らせていただく | お掛けになる | 座ります |

## 敬語は「和」を尊ぶ日本人の精神の結晶

日本の国名は、大昔、中国が「倭（わ）（みにくいもの）」という蔑称（べっしょう）をつけたことから始まったともいわれています。

当時はまだ日本という国、日本人という概念は成立していませんでしたが、私たちは巨大な軍事力を誇る中国に対して正面から否と主張するのではなく、その「倭」という国名をありがたく受け入れながら、知らない間にそっとそれを調和・平和を意味する「和」という国名にすり替えてしまったのです。

**名称を変えると、それにふさわしいような「和」の精神を持った国民が次第に育っていきます。**私たちの祖先は言葉に対するなんと深い知恵を持っていたのでしょう。

最近、「強い日本」とか「日本人の誇り」という言葉をよく耳にします。もちろん、日本が強くなるのは素晴らしいことだし、誇りを持つことも大切です。

しかし、自国の力が変わらないのに、ひたすら他国に対して肩肘（かたひじ）を張って自分を強く見せたり、突然威張りだして、自分を誇って見せたりするのは、長い年月をかけて和の精神を育んできた日本語の精神文化とは相反するものといわざるを得ません。

**「和」を尊ぶことが、真の意味での「強い日本」**なのです。

国際情勢が緊迫している昨今において、「倭」を巧みに「和」にすり替えた、私たちの祖先の深い知恵が今こそ必要ではないでしょうか。国力に衰えが見え始めた今こそ、日本語の精神を世界中に輸出してはどうでしょう。

外交には冷静さと、したたかさが必要です。

相手が威圧的な態度を取ったとき、それに対抗するように感情的な世論が沸き起こるのは、日本語を尊ぶ私たち日本人にふさわしくはありません。

**敬語表現は、相手を尊重しつつ、相手との関係を調和させようとするもの**です。

私たちが今こそ「強い日本」を誇るのなら、それは日本が率先して、世界の国々を「調和」させることだと私は思います。強引にではなく、いつのまにか「倭」を「和」に変えてしまったように。

今、美しい日本語を使う人が急速に減っています。

大げさに聞こえるかもしれませんが、日本語が育んできた先人の知恵を手放してしまったとき、その時こそ日本の平和を考える上で、深い喪失といえるのではないかと思うのです。

## 敬語は「場」によって使い分ける

敬語は自分と相手との距離を測り、その上で相手を尊重したり、相手との人間関係を円滑にしたりするためのもので、これほど特殊な敬語表現が高度に発達した言語は他に例を見ません。

私たち日本人は古来からこのような日本語の使い手であって、非常に繊細で高度な言語生活を送ってきたのです。言葉はその人の思考や感性と密接な関係があるので、日本語が日本人を作り上げてきたといっても過言ではありません。

イギリスは紳士の国として有名でしたが、武士道精神を持ち、このような言語生活を送り続けた日本人こそ、真に紳士的な民族であったはずなのです。

## 問題 4

**会議の場での発言です。次の敬語表現を正しい日本語に直しなさい。**

**これから私の企画を発表しますので、どうかお聞きになってください。**

## 解説 4

尊敬語には相手を高めるためのものとは別に、場によって改まる必要があるときに使う敬語があります。「相手を高める敬語」と「改まる敬語（改まり語）」です。

結婚式や式典、会議やプレゼンなど、多くの人たちの前で喋(しゃべ)るときは、当然「改まる敬語」を使わなければなりません。

「発表します」は丁寧語を使っているのですが、これは日常使う敬語であって、改まったときに使うものではありません。ここでは「発表いたします」と、改まった敬語に直さなければなりません。

また「ください」はすでに説明したように命令形なので、あまり適切とはいえません。この場合は「お聞きになってください」という文言自体が不必要なのです。

答え

**これから私の企画を発表いたします。**

＼POINT／

**「相手を高める敬語」が尊敬語や謙譲語。「改まる敬語」は、「いたす」「申す」「参る」など。**

私たちは相手との人間関係や、複数の人間との関係を絶えず意識するだけでなく、その発言がどのような場でなされるのかまで意識に入れて、常に慎重に言葉を選んでいます。日本人は自然といつも空気を読んでいるのです。

場には場の空気があり、それにふさわしい表現が求められます。だからこそ、**適切な日本語を使うだけで、今より少しだけ日本語がうまくなるだけで、人間関係も、相手に伝え**

## ■主な改まり語

| 普通の表現 | 改まり語 |
| --- | --- |
| あとで | 後ほど |
| さっき | 先ほど |
| この前 | 前回 |
| このあいだ | 先日 |
| すぐに | ただいま、至急、早急に |
| だから | ですから |
| もうじき | 間もなく |
| 少し | 少々 |
| これから | 今後 |
| 本当に | 誠に |
| いいでしょうか | よろしいでしょうか |
| どうですか | いかがでしょうか |
| どこですか | どちらでしょうか |
| すみません | 失礼しました、申し訳ございません |
| 持っていきます | お持ちします、お届けいたします |
| 作る | 作成する |
| 確かめる | 確認する |
| 考え直す | 再考する |
| 頼む | 依頼する |
| 配る | 配布する |
| 忘れる | 失念する |
| 送る | 送付する |
| 謝る | 謝罪する |
| 今日 | 本日 |
| きのう | 昨日（さくじつ） |
| あした | 明日（あす・みょうにち） |
| あさって | 明後日（みょうごにち） |
| ゆうべ | 昨夜（さくや） |
| 去年 | 昨年 |

**る力も、ぐっとよくなる**のです。

問題 5

**居酒屋での発言です。次の敬語表現を適切な日本語に直しなさい。**

**課長、ご説明させていただきます。**

解説 5

「させて」は「許可をもらって」という、相手を立てる敬語です。さらに「いただきます」と二重に敬語を使っているので、あまり適切とはいえないのですが、職場などでは決して間違いとまではいえません。

ところが、**居酒屋などでこのような仰々しい敬語を使うと、かえって場の空気を読めず、親しげな関係を築くことができなくなります。**上司が居酒屋に誘うというのは、部下と親密な関係を築きたいという目的があるからこそであって、このような言葉遣いをしていては、せっかく上司が提供してくれた場が台無しになってしまうでしょう。
こうした場合は、「ください」を使っても構わないのです。

答え

**課長、聞いてください。**

私たち日本人は話をする相手との関係だけでなく、それがどのような場であるかを常に考え、敬語を微妙に使い分けています。なんでも敬語を使えば安心と思っている人もいるのですが、逆に、**敬語を使うことによってよそよそしい関係になってしまったり、相手との距離を縮められなくなったりすることもある**のです。

敬語を使わないということは、何も失礼な表現とは限らず、かえってそれだけ親密な関係であるという証（あかし）にもなります。

逆に、あまり親しくなりたくない相手に対して、意識して敬語表現を使う場合もあります。特に男性が若い女性に接近しようとした場合、その女性が露骨に嫌な態度を示すと失礼になったり、場の空気を乱してしまったりします。そんな時、敬語表現を使うことで、相手に対して絶えず距離を保ち、親密な関係にさせないことができるのです。

露骨に嫌な態度を取るよりも、相手を敬語で高め、これ以上近づかないでと、暗に示すほうが、ずっと美しい意思表示の仕方ではないでしょうか。

敬語表現に限らず、言葉を少し意識するだけで、私たちは人間関係を円滑にすることができるだけでなく、そうした日本語の使い手はそれだけ周囲の人から高い評価を受けることになります。

美しい言葉が、その人の内面、そして立ち居振る舞いをも形成するのです。

＼POINT／

**敬語表現の使い方ひとつで、親密感を出すのか、距離を置くのか、相手との関係が変化する。**

第2章

# 感性の磨き方

## 訓練によって感性は磨くことができるか？

厳密にいえば、答えは否です。

私の妻はクラシック音楽が大好きで、食事のときや、なんでもないときでもよくCDをかけて聴いています。しかし、私はまったく興味がありません。長年、それにつき合わされていますが、さすがに「いいメロディだなあ」などと思うことがあっても、どこがいいのか、いまだにさっぱり理解できません。妻は横で私にいろいろ解説してくれますが、「ああ、そうなんだ」とちんぷんかんぷんです。

そのくせ妻は私が大好きな浅川マキ、中島みゆき、森田童子（どうじ）などを聴いていると「陰気くさい歌だ」の一言で終わりです。それは絵画でも同じで、興味のない私はピカソだ、ゴッホだ、ルノアールだなどといわれても、さすがに実物を見ると「すごいな」とは思いますが、それ以上は私には理解できない世界です。

こういった、その世界を極めたまさに「芸術の域」といえる感性は、その人の持っている元々の感性の方向性であって、それを訓練で変えるということはどだい無理な話なのです。

だからこそ、感性とは生まれつきのもので、後天的に獲得できるものではないと思い込んでいる人がたくさんいます。

しかし、それを職業とするような超一流になるための感性でなく、日常生活を豊かにするための感性であれば、誰でも身につけることができるのです。たとえば、私たちの身のまわりにも、表現することや自分の気持ちを伝えるのがうまい人、また人の心を動かすスピーチやディスカッションができる人など、感性が豊かだと思わせる人がいます。

彼らはクラシック音楽を聴いたり、芸術に触れたりと、特殊な体験を積み重ねることで感性を磨いたと思うかもしれません。もちろんこうした体験が感性を磨くのに必要だということを否定するつもりはありませんが、それだけが感性を身につける方法ではありません。

なぜなら、感性も言語によって認識し、表現されるからです。だから私たちは**日本語の使い方を通して感性を磨くことができる**のです。

特に本書で目指す「美しい日本語」を身につけるには、感性は必須（ひっす）です。人の心の奥深くに届き、感情を揺さぶるような日本語には、ありふれた言葉ではない、「自分の感覚を表現した言葉」が必ずあります。

ただし、その「自分の感覚を表現した言葉＝感性」は、正しい日本語の上にしか成り立ちません。間違った日本語の先に、人の感情を揺さぶるような表現はできないからです。

第1章では人間関係をスムーズにするために、敬語の基本的なルールを学んできました。今度は自分の感覚を表現するための微妙で繊細な使い方を練習し、感性を磨いていきます。

\POINT/

**感情と感性は異なる。感情を感性に昇華させるには、言葉の力が必要である。**

# 人間の深みは「手垢」の中には表れない

そもそも、人はなぜ感性を必要とするのでしょうか？

たとえば「好き」「嫌い」といった言葉で自分の感情を表現することができれば、日常生活においては何ら困ることはありません。しかし、それでは犬がうれしいときにしっぽを振ることとたいした相違はないのです。

「好きだ」という気持ち、「うれしい」という気持ちを相手に伝えたいとき、もっと微妙で繊細な感情を表現したいと願います。その時、「好き」「嫌い」といった人間の感情を表す最大公約数的な言葉では飽き足らなくなるのです。

詩人は手垢にまみれた言葉を棄て、自分だけの言葉を模索します。その言葉は勢い比喩的な表現にならざるを得ません。

**感性を磨くことは、人間や自然、社会に対して、深い洞察力を抱くことに他なりません。**
ものを見る深さ、鋭さが異なってくるのです。それはその人の人間力、魅力と密接に関わります。表面的な捉え方しかできず、手垢にまみれた言葉で通り一遍の感情を露わにするだけの人間に、私たちはどうしても人間としての深みを感じることはできません。

豊かな感性は、凡庸な世界を絶えず瑞々しいものへと再構成します。そうした感性を抱いた人間が魅力的でないはずがありません。

そして、そのためには日本語の微妙で繊細な使い方を習熟しなければなりません。もちろん、すべてが言語で表現できるわけではありません。だからこそ、芸術家は絵や音や肉体を通して、言葉で表現できない何かを懸命に表そうとするのでしょう。

**感性は凡庸な世界を瑞々しいものへと再構成させる。**

## 「愛している」はどうすれば、より伝わるのか？

どんな動物でも感覚は持っています。犬や猫だって、暑いとか痛いとか感じることがあるでしょう。そういった感覚は肉体にじかに結びついたものです。

では、「愛」という言葉はどうでしょうか？

犬や猫でも飼い主のことを慕ったり、好きだと思ったり、なくてはならない存在だと思うことは十分可能性があると思います。ただし、そういった「感情」を言葉で認識することはできません。そして、その「感情」は撫でてもらえるとか、抱いてもらえるとか、餌をもらえるとか、やはり何らかの肉体と結びついたものなのです。

そうである限り、やはり感覚であっても、「感性」とまではいい切れません。

「愛」という言葉は、もう一段高い精神の発露から来たものです。単純な肉体の感覚を超え、それを言葉という極めて精神性の高いもので表現する。私はそういった世界の捉え方、物事の認識の仕方を「感性」だと考えています。

ただし、その言葉の持つ内実は、人によって大きな差があるといえます。キャバクラで席に着いたどの女の子にも「愛している」という人もいれば、一生に一度の命がけの恋の相手に初めて「愛している」と告白した人もいるでしょう。その場合、「愛」という言葉は、同じ言葉でもまったく異なったものになります。

また、だからこそ自分が表現したい「愛している」を「胸が張り裂けそうなほど愛している」「体が震えるほど愛している」と表現すれば、それはさらに深い意味を持ちます。そのため、自分の感覚を自分の言葉で表現しようとする人ほど、鋭い感性が身につきます。

一人ひとり言葉の使い方が異なるということは、一人ひとりが異なる言語的世界に生きているということです。

なんでも「好きだ」「嫌いだ」「明るい」「暗い」といった言葉で世界を認識している人は、自ずとそういった粗雑な感性になっていきます。

ちなみにこのような単純に感覚を言葉にしただけのものを「感情語」といいます。感情語ばかり使っている人はどんどん感情的な人間になっていき、大雑把になっていくというわけです。だから粗雑な感性を身につけることとなり、表現力も失われていきます。

それに対して、微妙で繊細な言葉で外界や世界を捉えようとする人は、より繊細な感性を持った人間になっていきます。

**同じ世界で暮らしながらも、感情語を使うか、感性のある日本語を使うか、たったそれだけの違いで、両者はまったく異なった次元で暮らしている**のです。

POINT

**人は言語によって、それぞれ異なる精神的世界を生きている。**

# 清少納言が歴史に名を残した理由

感情（感覚）は肉体と結びついたものである限り、人間だけでなく動物にも存在する属性の一つです。それに対して、感性は肉体から出発したものであっても、そこから離れ、日本語という精神的次元にまで到達したものです。

感覚を感性にまで昇華させるためには、あなたの日本語の運用能力を見直してみることが必要です。

ここで少し想像してみてください。

目の前に美しい花が咲いています。

その花を見て、人それぞれ何かを感じたり、感動したりします。それが感覚です。

もし、目の前の花の美しさ、あるいは花に触れた感動を言葉にしたら、そのとき初めて感覚は「感性」となるのです。

花を見ても、星を見ても、美しい女性を見ても、すべて「綺麗(きれい)だ」「汚い」「好きだ」「嫌いだ」という「感情語」だけで済ましてしまう人は、たとえ感覚はあっても、それではとても鋭い感性とはいえません。しかし、近年ではあまりにも多くの人が、同じような「感情語」で多くのことを済ましています。

一方、清少納言(せいしょうなごん)は花一つ見るにしても、それがどのような光と空気のもとで見たのか、背景には何があり、その取り合わせはどうかと、刻々と変化する時間の中でそれを捉えようとしました。そして、それにふさわしい言葉で的確に表現していったのです。

そういった微妙で繊細な言葉の使い方があって初めて、その人は鋭い感性の持ち主だと評価することができるのです。

「感情語」から脱出するためには、いつでもどこでも、同じような言葉を使わないように心がけましょう。

すべてのものを「綺麗だ」「汚い」といった言葉だけで認識する人と、一つひとつの対象の違いを正確な言葉で表現する人とでは、その感性は大きく異なっています。

もう少し具体的にいうと、「感情語」だけでは「表面的なありふれた感覚」しか相手に伝わらないということです。

それまでの人生で最も美しい景色を見たとしても、それをただ「美しかった」と表現しては、人生最大の感動があったことを相手に伝えられません。

　多くの人が表現力や会話術の本を読んでも身につかないと悩み続けるのは、この基本的な部分を知らないからです。しかし、感性を持ち合わせ、微妙で繊細な言葉遣いを少しでも意識している人は、清少納言とまではいかずとも、それがどのような場面で見た美しさなのか、自分の感動を自分なりの日本語で相手に伝えることができ、また相手に自分のことをより理解してもらえます。

　だから美しい日本語を目指す私たちには、正しい日本語だけではなく、感性を磨くことが必要なのです。

**■感情語ばかり使っている人は、表現力が雑になっていく。**

POINT

豊かな感性は、美しい日本語を磨くことで生まれる。

問題 6

次の短歌は、紀貫之の土佐日記の中にあるものです。（　）に入る言葉を、ア〜エの選択肢から選びなさい。なお「影」は月影のことで、今、紀貫之は真冬の夜明け前に、一人で船を漕いでいるとします。

影見れば　波の底なる　ひさかたの　空漕ぎわたる　（　）ぞわびしき

ア空　イ月　ウ船　エわれ

## 解説6

さて、感性を磨くということは、いったいどういうことなのでしょうか？

今、紀貫之は海の上で船を漕いでいます。

「影見れば」とあるので、海の上には月影が浮かんでいることがわかります。「空漕ぎわたる」とありますが、実際に空を船で漕いでいくことは不可能です。

「波の底なる」とあることから、この空は波に浮かんだ月影から来たものです。ここで着目して欲しいのが、「ひさかたの」という枕詞です。

こうした言葉を一つひとつイメージできるかが感性の練習です。

「ひさかたの」は永遠をイメージする言葉です。どこまでも続く永遠の空と、永遠の海、その間に挟まって、（　　）が「わびしき」という歌ですね。

もちろん、（　　）に入るのは、今、「漕ぎわたる」の主語ですから、**エ**「われ」しかありません。美しく感性豊かな作品は、必ず「正しい日本語」の上に成り立っています。ですからこの問題は、「主語と述語の関係」で解けるのですが、大切なのはこれからです。

この「われ」が「わびしき」となるためには、言葉がどのような使われ方をしているのでしょうか？

永遠の空と永遠の海、そこにちっぽけな「われ」を置くことによって、初めて「われ」がたとえようもなく小さく、頼りないものに思えてくるのです。だから、すべての言葉が最後の「わびしき」という言葉に集約されていきます。

この「ひさかたの」を空間だけでなく、時間的なものとして捉えても、「われ」は永遠に続いていく空と海の中をさまよっていくのですから、より読者の心の奥深くに染み入る面白い解釈が成り立つのではないでしょうか。

このように「ひさかたの」「わびしき」という和語が、この歌の成立において重要な役割を果たしていることは、日本語を考える上で実に興味深いことです。

感性を磨くとは、こうした言葉の使い方に触れて初めて可能となるのです。

答え

エ

# 読書に時間をかけても感性は磨かれない

私が子供の頃はまだ日本は貧しく、初めて二十四色のクレパスを買ってもらったときは、思わず心が躍ったものです。

その頃の私は十二色のクレパスしか持っていませんでした。私の世界はすべて十二色で成り立っていたのです。それが二十四色になって、私の世界がよりカラフルに変わりました。風景画を描いたとき、初めて見るクレパスの色を手に取り、どの色を使おうかと迷ったものです。

**言葉を知ることは、使えるクレパスの色が増えるようなもの**です。赤や白や黒や黄色しかなかった世界が、より深い陰影を持って色づいてきたのです。

やがて中学生になり、古文を学習したとき、初めて「萌黄色（もえぎ）」「浅黄色（あさぎ）」などの言葉と遭遇しました。赤でも黄色でも青でもない色が、古代の日本には存在していたのです。

私は世界を新たな言葉によって認識し始めました。そうした言葉を一つひとつ獲得することで、私の感性は次第に磨かれ始めました。

最近、多くの学校で読書の時間が設けられています。子供たちに本を読む習慣をつけさせることはそれなりに意味があるのですが、実際にそれを実施している教師たちに聞くと、思ったほど効果を上げていないようです。

それも当然で、**言葉の使い方をトレーニングさせずに、ただ自分勝手に読ませるだけではとても教育効果を上げることなどできません。**

今の子供たちに、詩や短歌を鑑賞させ、感想を求めたところ、返ってくる言葉は「わからない」「明るい」「暗い」「うざい」「微妙」「好きだ」「嫌いだ」といった感情語ばかりです。それを子供たちの飾らない感性と思い違いをしている教師もいるようです。

感性を身につけるには、それにふさわしい言葉の力を獲得することが必要です。

すでに述べたように感性とは言葉の使い方であり、それゆえ、後天的な訓練によって獲得できるものです。日本語は世界でもまれに見る繊細な言語です。しかし、私たちは日本語を決して十分に使いこなしているとはいえません。

そのために、日本語の可能性は閉ざされたままなのです。

だからこそ、一度美しい日本語を身につけさえすれば、それだけ多くの能力が大きく開花する可能性があります。

美しい日本語を身につけ、みずからの可能性を拡げるためにも、日本語の微妙で繊細な使い方を練習していくことにしましょう。

POINT

**感性は、後天的な訓練によって獲得できるものである。**

## 三十一文字で「限りない感情」を表現する

日本語の使い方の名手の一人が、歌人の石川啄木です。

短歌は言葉を三十一文字に絞り込むことによって逆に、読者に想像の余地を与え、イメージを広げる日本独特の文学であって、それは文脈力に優れた日本人であるゆえに成立した世界でしょう。まさに「日本語力」こそが問われます。

そういった意味では、**感性を磨くには短歌・俳句・詩といった韻文に親しむことが最も**

**効果的**です。

「日本語の練習問題」を始める前に、少し啄木の背景をお話ししておきましょう。

啄木はみずからの生活を三十一文字に託した歌人で、難解で抽象的な言葉を使うことなく、手垢にまみれた言葉を瑞々しいものへと見事に変換しました。

啄木の歌はある程度彼の人生と重ねることによって、彼の世界の深さを鑑賞することができます。ただし、本書の目的は「日本語力」を鍛えることなので、彼の言葉の使い方に焦点をあてて練習していきます。

啄木は二六歳の若さで病死します。自由奔放な生き方をした一方、生涯にわたって借金を重ね、貧苦に喘ぎ続けました。

一二歳の時、啄木は故郷である岩手を棄てて北海道にわたり、家族を呼び寄せ、様々な仕事に就きながら、函館、札幌、小樽、釧路を転々とします。

それでも文学の夢を絶ちきれない啄木は二二歳で、友人の宮崎郁雨に家族を預けると、金田一京助（後の言語学者）を頼って再び上京するのです（一度上京して失敗しています）。

東京で小説家を志すのですが誰からも評価されず、結局は新聞社の校正係に就職します。親友に預けたままになっていた家族からは、再三肩身が狭くて仕方がないから早く呼び寄せてくれと手紙が来ますが、一緒に暮らす家もなければ借金だらけで生活費もままなりません。ようやく家族を呼び寄せることができたのですが、今度は生活苦から妻と姑（しゅうとめ）との対立が深刻化するのです。

結局、小説は売れず、皮肉なことにそうした生活苦を綴った三行詩が、歌集『一握の砂』として刊行されます。

その中から誰もが知っている有名な歌を取り上げ、彼の日本語の使い方を学んでみましょう。

まずは貧苦に喘いだ短歌から。

問題 7

次の短歌の（　　）に入る言葉を、ア〜エの選択肢から選びなさい。

東海の小島の磯の白砂に
われ泣きぬれて
（　）とたはむる

ア 犬　イ 蟹（かに）　ウ 猫　エ 魚

解説 7

短歌は五七五七七の文字数なので、（　　）には二文字のものが入ります。そこから三文字の「魚（さかな）」を消去できます。さらに啄木は砂浜にいるので、**ウ**の「猫」はあり得ません。

そこで、「犬」か「蟹」が残りますが、「白砂」から「蟹」だとわかります。

答え

イ

さて、啄木は自分の悲しみを伝えるために、どのような表現を用いたでしょうか？もちろん、この時啄木が犬と戯れてもおかしいわけではありませんが、やはり小さな「蟹」と戯れたほうがより悲しさが増すような気がします。第一、「犬」「猫」だと「砂浜」にする必要はありません。

さらに「海」と「蟹」が対立関係になっています。広大な海を目の前に小さな蟹と戯れるほうが、より啄木らしい気がするのは私だけでしょうか。

啄木が砂浜に泣きながら寝転び、蟹と戯れている情景を思い浮かべると、なんだか駄々っ子がいじけているような感じで、どこか微笑ましいですね。もちろん耐えられないほどの人生の辛苦に啄木は涙するのですが、この悲しいユーモアはやはり「蟹」と戯れるところにあるのではないでしょうか。

他の文化圏の人ならば号泣などをして、自分の悲しみを訴えるのでしょうが、「蟹と戯れる」といった表現を使うことでその感情を誰よりも鮮やかな形で読者に伝えています。

## 問題 8

次の啄木の短歌の（　　）に入る言葉を、ア〜ウの選択肢から選びなさい。

たはむれに母を背負ひて
そのあまり軽（かろ）きに泣きて
三歩（　　）。

ア ころがる　イ 走れず　ウ あゆまず

## 解説 8

貧苦ゆえに年老いた母親に苦労をかけてしまった啄木。そうした思いを啄木はどのように人に伝えたのでしょうか。

啄木はふざけて年老いた母を背負ったのですが、予期せぬ軽さに衝撃を受けます。背中に感じたのは、貧苦に喘いできた母の人生です。年老いた母はその生活を啄木に頼って生きてきたのですから、衝撃を受けた啄木はそれ以上歩くことができません。

　このとき啄木が使った手法は二つです。

　一つは背中の感覚。啄木は母親のこれまでの苦労、人生を、背中全体を神経にして感じ取っています。だから、悲しくてこれ以上は歩けないのです。

　もう一つは、普通は背負っているものが重くて歩けないのに、この歌は「あまりの軽き」に歩けなくなるという、その逆説的表現を巧みに使っていることです。

**答え**　**ウ**

　もし感情語ばかり使っている詩人ならば、おそらくこの悲しみをただ「悲しい」という感情語で表現したことでしょう。しかしそれではどこにでもある、ごくありふれた「悲しみ」しか表現できず、それがたとえ啄木にとって「限りなく深い悲しみ」であったとしても、相手に伝わることはありません。

しかし啄木は「蟹」「あゆむ」という日本語を使うことで、既成の言語では説明できないような「深い悲しみ」を表現し、また私たちはそれを受け取ることのできる文脈力を持っていました。繰り返しになりますが、こうした文学は日本独特のものであり、それを支えたのが私たちの歴史や文化、風土と密接に絡み合った日本語の力によるものだったのです。

**問題 9**

次の啄木の短歌の（　　）に入る言葉を、ア〜エの選択肢から選びなさい。

『石川はふびんな奴だ。』ときにかう
（　）言ひて
かなしみてみる。

ア 笑って　イ 自分で　ウ 泣いて　エ 怒って

解説 9

**ア**の「笑って」、**ウ**の「泣いて」、**エ**の「怒って」のどれかがあてはまりそうですが、それを選ぶ根拠はどこにもありません。

「かなしみてみる」の主語は啄木自身。では、その悲しみをどのように表現したなら、人に伝わるか、それを考えてみましょう。

「かなしい」ではなく、「かなしみてみる」とあることに着目。ストレートに「悲しい」といったのではなく、啄木は悲しんでみたのだから、「ふびんな奴だ」といったのは「自分で」とならなくてはいけません。

いったん距離を置いて、他者の視点から「石川はふびんな奴だ」といってみたのです。すると、よりいっそう自分が不憫（ふびん）で、たまらなくなったのでしょう。ここに含まれているのが単純な「悲しみ」でないことはこうした表現からわかります。

啄木はかなりナルシストだったのでしょうね。真のナルシストは自分ほどかわいそうな人間はいないと思い、そのかわいそうな自分をいとおしむといった傾向がありま す。その点では、これほど悲しみの表現に長（た）けた啄木は、太宰治（だざいおさむ）に似ているのかもしれません。

イ

第3章

# 明晰な頭脳の作り方

## コンピュータがフリーズする前に、頭脳OSを強化せよ

井上ひさしの『日本語教室』を読み返してみました。最初に脳の話から始まるのですが、それがじつに示唆に富んでいるのです。

人間が生まれたときの脳の重さは三五〇グラムくらい、それが成人になると一四〇〇グラムにも成長するというのです。その成長段階で習得した言語は、その人の人間形成に深く関わるのは当然ですが、特に**脳が小さいときに母親から聞いた言葉が第一言語＝母語であって、それは単なる道具ではなく、その人の精神に深く関わるもの**だということです。

私たちは母語を基礎として、次に英語などの第二言語を学ぶのですが、一定の年齢を過ぎたあとで母語の範囲以内でしか第二言語を習得できないといわれています。

これはいったいどういうことでしょうか。

私たちは無意識のうちにも日本語でものを考え、日本語でものを感じるようになっています。たとえ、**外国語を学んだとしても、日本語以上にそれを習得することは不可能だということ**です。

しかも、日本語は私たちの精神そのものといっていいのに対して、外国語は単なる伝達

のための道具にすぎません。

人間の頭脳はコンピュータに似ています。

コンピュータでは、アプリケーションソフトはすべてOSの上に乗って初めて動き出します。なぜなら、何か仕事を命じるとき、必ずコンピュータ言語によらなければならないので、言語処理の場であるOSが必要となるのです。

重たいソフトを動かそうとするなら、当然OSをそれに応じて強化しなければなりません。そこで、ウインドウズでもアップルでも、絶えずOSを強化し続けるのです。

■母語（日本語）以上に外国語を習得することはできない。

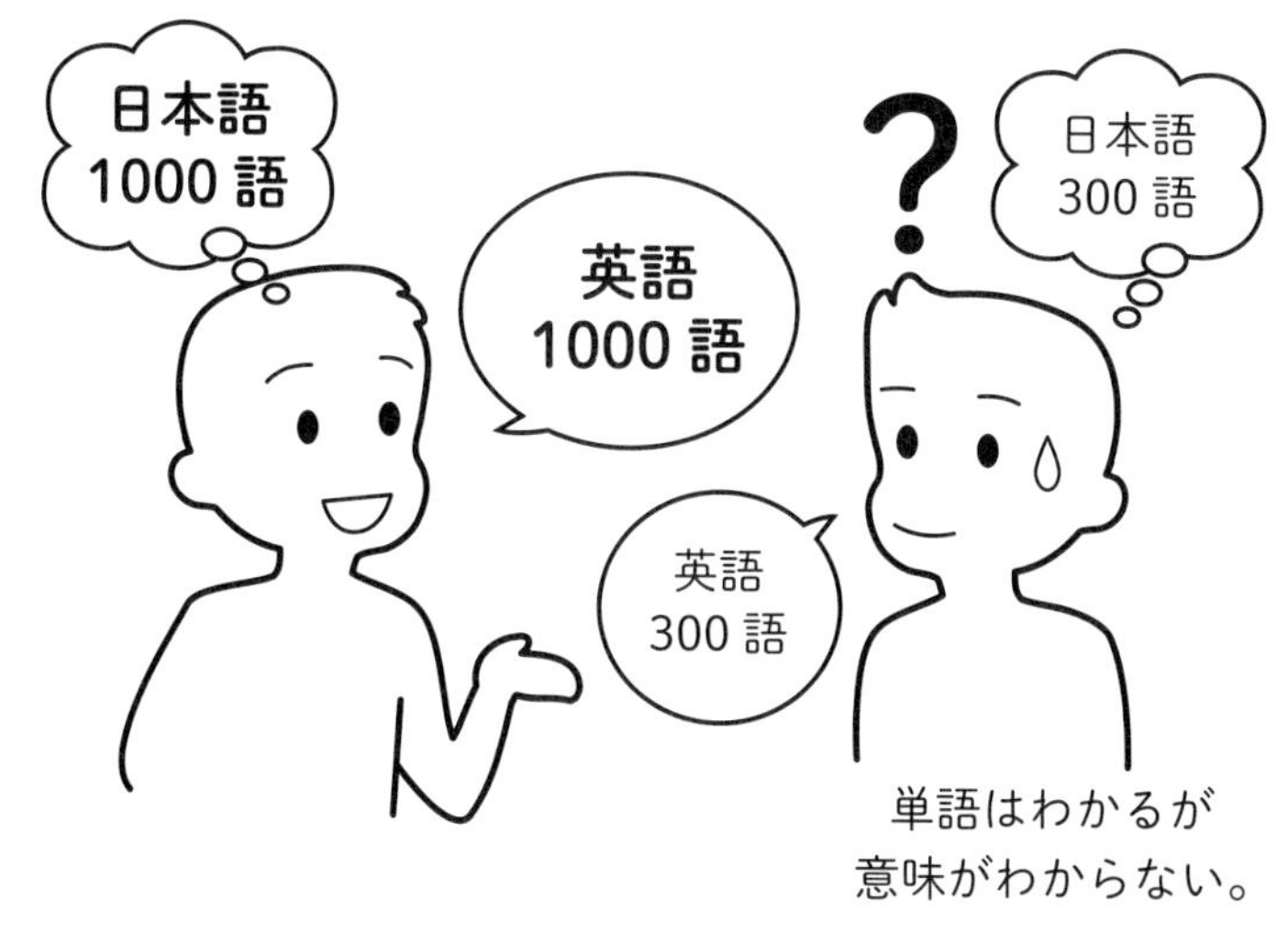

人間の頭脳でも、より重たいアプリケーションソフトを動かすには、絶えずＯＳを強化しなければフリーズしてしまいます。
だから、言語処理能力を高めることで、私たちの頭脳ＯＳを徹底的に強化する必要があるのです。

言葉は空気のようなもので、それがなければ生きていくことができませんが、あまりにも身近な存在であるために、かえってその存在を意識することがありません。だからこそ、一度改めて基礎から日本語の使い方を練習すべきなのです。
ＡＩ時代を迎えるこの激変期に、あなたは今のままの頭脳ＯＳで大丈夫でしょうか？

POINT

**言語の処理能力を高めなければ、ＡＩ時代に頭脳がフリーズする！**

## 言葉は神であり、世界を創造するものだった

日本語について語る前に、まず言葉そのものについて語る必要があります。

そもそも言葉って、なんでしょうか？

もちろん、自分の意思や感情を伝達するための道具といった一面があるのですが、じつはそれだけではありません。言葉にはもう一つ、重要な役割があります。


この問題を考えるために、今から簡単な実験をしてもらいます。たとえ、ばかばかしいと思っても、だまされたと思ってちょっと試してみてください。

では、いきますよ。


目をつぶってみてください。

そして、今から十秒間、言葉を一切使わずに、なんでもいいから考えてみてください。


さて、どうだったでしょうか？

「いったい何が言いたいのだろう？」と、瞬時に考えてしまった人がいるかもしれませんが、すでに反則を犯しています。言葉を使わずに、「いったい何が言いたいのだろう？」と考えることは不可能です。

**言葉を使わずに何かを考えようとしても考えることのできない状態、それをカオス（混沌）と呼びます。**

そこで当たり前の事実に気がつくのですが、**私たちは言葉を使ってものを考えているの**です。そして、その言葉が日本語だということです。

日本語と思考力は切り離すことができません。

聖書の中に「初めに言葉ありき」という有名な言葉があります。新約聖書の「ヨハネの福音書」冒頭の記述です。

カオスとは聖書の中に出てくる言葉です。聖書の中では、カオスとはまだ天と地が分かれていない、混沌とした状態を指すようです。

宗教的な意味はともかく、言葉が生まれたとき、当然人間はすでに存在していたはずです。人間が存在しているということは、天と地は今と同じように分かれていなければなりません。

しかし、聖書では「はじめに」存在しているのは言葉だったとしています。じつに面白い示唆を含んでいるのです。

私はこう考えます。

天と地が今と同じように分かれていたところで、もしまだ人間が言葉を持っていなければ、天は天でなく、地は地でなく、カオスの状態に過ぎません。**人間が**

**■言葉を使わず思考することはできない**

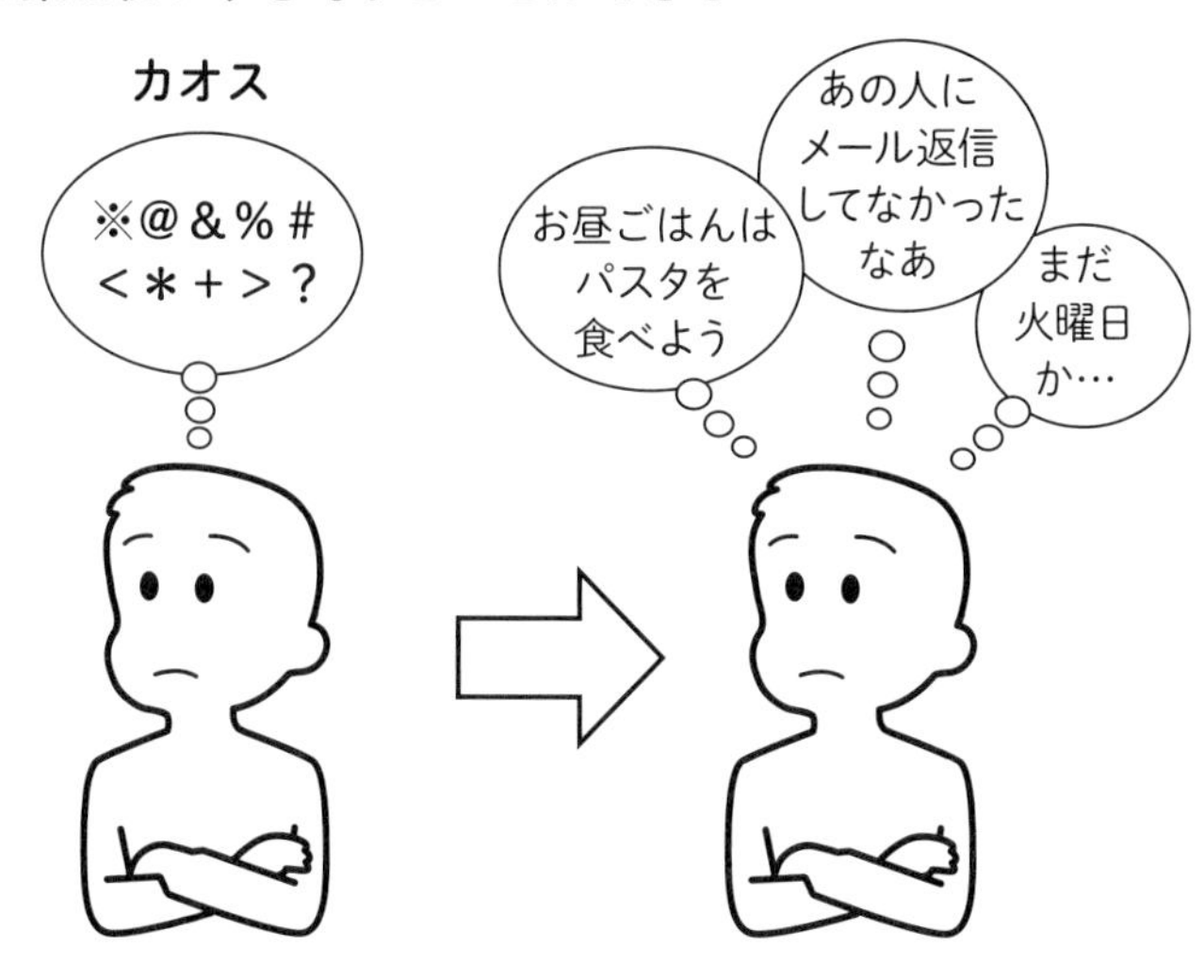

**初めて言葉を持った瞬間、天は天となり、地は地となって、人間はカオスから脱却しました。**その意味では、言葉が天を創ったのであり、地を創ったのです。

だから、「はじめに言葉ありき」であり、「言葉は光であり、力であり、そして神だった」といえます。

神は言葉で世界を創造しました。その言葉を神から与えられた人間は、言葉によってものを生み出す力を授けられました。

そして、私たちは言葉によってカオスから脱却し、人間となり得たのです。だから、言葉は単なる伝達の道具ではなく、思考・感性・発想力・創造力など、人間のすべての営為の源なのです。

POINT

**言葉は単なる伝達の道具ではなく、人間のすべての営為の源である。**

# 人間は論理で世界を整理する

太古の昔、人間が初めて「男」という言葉を使ったとき、世界は大きく変わりました。それまでは「男」という言葉がなかったのですから、A君、B君、C君など、個々の存在を個別に認識するしかなかったのです。ところが、彼らの共通点を抽出した結果、「男」という概念が生まれたわけです。

つまり、世界中の男一人ひとりを指す言葉をいう代わりに、「男」という一言で表せるようになったのですから、これは革命的な出来事といっても過言ではないでしょう。

A君、B君、C君と、誰一人同じ人間などいません。「男」という言葉は、それらの共通点を抜き取ったということです。そういった言葉の作用を「抽象」というのですが、逆にいうと、それぞれの個別性を捨て去った（捨象）ということでもあります。

この時、具体的なもの（A君、B君、C君）→抽象化されたもの（一般化）、といった「イコールの関係」が成り立ちます。

■論理とは「具体→抽象」といった頭の使い方

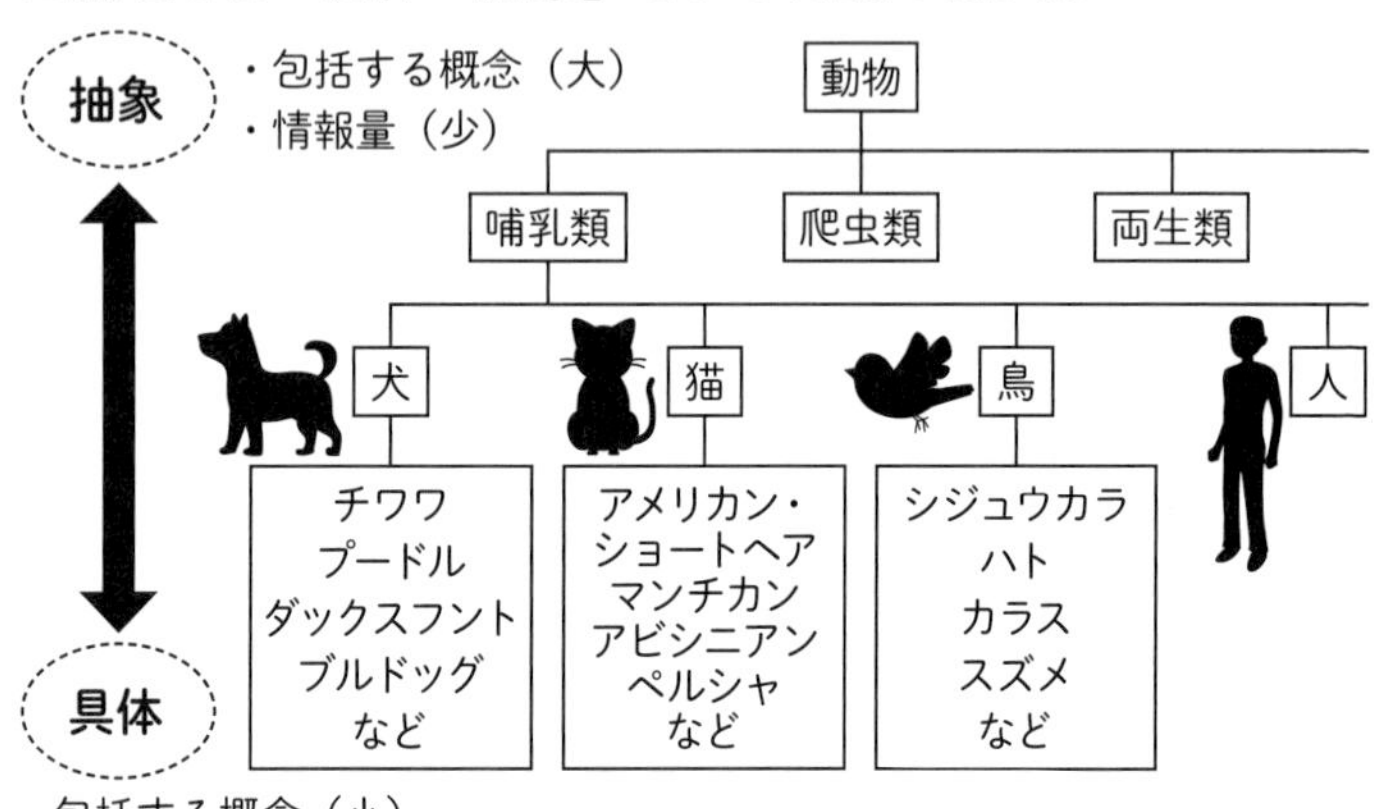


■共通する要素をまとめて、他の要素を捨てる

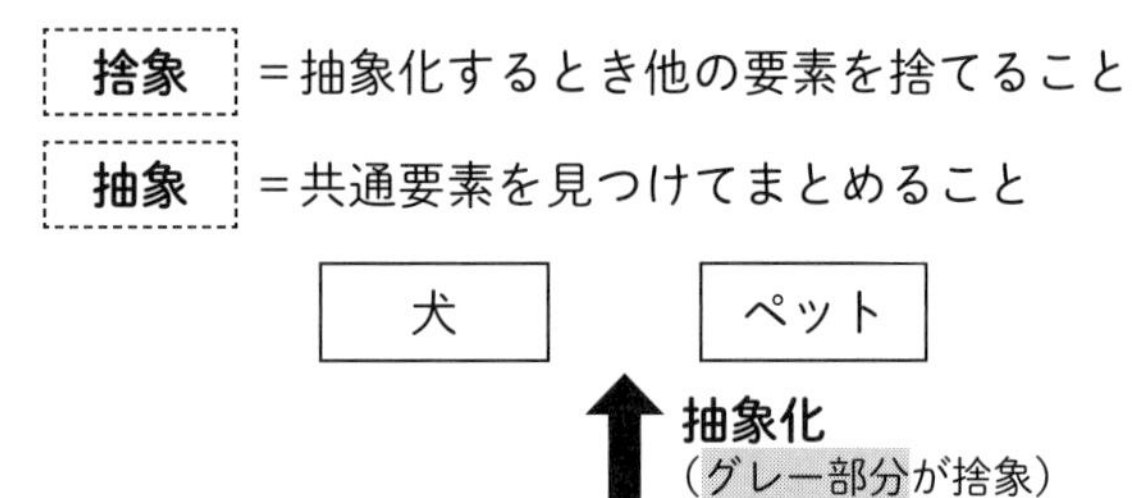


| タロウ | ハナ | ケン |
|---|---|---|
| ・人懐っこい<br>・オス<br>・背中に黒い斑点がある<br>・サツマイモが好物<br>・A君が飼い主<br>・チワワ | ・人見知り<br>・散歩が苦手<br>・メス<br>・飼い主はBちゃん<br>・プードル<br>・5歳 | ・アメリカ生まれ<br>・食いしん坊<br>・Cさんが飼い主<br>・オス<br>・よく吠える<br>・シェパード |

この**「具体↓抽象」といった頭の使い方が、じつは論理**に他なりません。

私たちはこうした言葉の使い方を当たり前のように行っているのですが、非常に高度な頭の働きであり、そこから私たちはあらゆる学問・科学を生み出していったといっても過言ではありません。それと同時に、私たちの脳が進化を遂げていったのです。

では、私たちはなぜ「男」という言葉を必要としたのでしょうか。

それは「女」を意識したからに他なりません。そうでなければ、「人間」という言葉があれば十分だったはずなのですから。

「男」という言葉に対して、「女」という言葉を使ったとき、私たちは「男」と「女」を対比させたのです。こうした言葉の使い方が「対立関係」です。

つまり、人間だけが**言葉を持ったためにカオスから脱却し、すべてを「イコールの関係」「対立関係」といったフレームで捉え始めた**のです。自分たちの外界や世界を、「イコールの関係」「対立関係」といった言葉のルールで整理し始めたのです。それは論理の始まりでした。

天と地、男と女、動物と植物、好きか嫌いか、希望と絶望といったように、私たちは外界の一切をいったん言葉に置き換え、「イコールの関係」「対立関係」といった論理で整理した上で、物事を認識・整理し、そして考えるということを始めました。

原始の頃はまだ互いに行き来がなかったのに、世界中の人類が奇しくも「イコールの関係」「対立関係」といったフレームで外界を捉えているということは、私にはじつに不思議なことに思えます。

論理は言葉とともに生まれ、その言葉のルールに従った使い方は世界中どこにおいても変わることがありません。それが論理の普遍性であり、ギリシアではそれをロゴスと呼び、そこから西洋流のロジックが誕生したのです。

POINT

**人間は「イコールの関係」「対立関係」で、世界を整理した。**

## 犬や猫に「死」は存在しない

たとえば、犬や猫には「死」は存在しません。なぜなら、「死」という言葉を持たないからです。そうした言葉を持たない犬や猫は死について考えることができません。カオスの中に生まれて、カオスの中で知らない間に死んでいくしかないのです。気がついたら、死んでいるのですから、本能的には何かを感じているのかもしれませんが、結局は死の概念を持っていないのです。死の恐怖もないから、ある意味では幸せなのかもしれません。

「死」は人間がその状態を観察して与えた言葉ですから、**犬や猫の中には死という概念は存在しない**といっていいでしょう。

それに対して、私たちは自分もいつかは死ぬことを知っています。自分だけは死ぬことはないと思ってもおかしくないのに、私たちはそのことに疑いを持つことはありません。それはなぜなのでしょうか。

私たちは多くの客観的な死をすでに知っています。それらの個々の死の共通点を取り出したなら、「すべての人間は死ぬ」という法則ができあがります。

「個々の死（具体）」＝「すべての人間は死ぬ（抽象）」という関係が、「イコールの関係」です。そして、今度は「すべての人間は死ぬ（抽象）」から、「自分の死（具体）」をあてはめるのです。だから、私たちはまだ経験していないにもかかわらず、やがて自分が死を迎えるときが来ると自覚しているのです。

このように**具体↓抽象↓具体という思考回路が「イコールの関係」で、これが論理の出発点**ともいえるでしょう。すでに「死」という言葉自体の中に論理が含まれているのであり、これが人間と他の動物との決定的な違いなのです。

人間は言葉を持ったため、「死」について考えることができます。いや、考えたくなくても、否応なく言葉で考えてしまうのです。

死んだ後の世界を考えるし、死が来るのを認識しているからこそ、人生を考え、時間という概念を生み出したのです。青春はだからこそ美しく輝き、またはかなく消えていくものなのです。

犬や猫が鳴くのは、甘えたり威嚇したり餌をねだったりとするためで、これも立派な言葉だといえるのですが、彼らは言葉で世界を整理したり、論理的に考えることができません。

だから、犬や猫は自分の死について考えることができないのです。しかも、時間の感覚もありません。

彼らはただ「今」を生きるしかないのです。

POINT
**言語で世界を整理できるか否かが、人間と他の動物とを分けた。**

## ニュートンはなぜ万有引力を発見したのか

A君、B君、C君＝「男」といった「イコールの関係」がすでに論理だといいましたが、「そんな簡単なことにどんな意味があるのだ」と思われたかもしれません。

そこで、「イコールの関係」の例を一つ挙げましょう。

ニュートンはリンゴが木から落ちるのを見て万有引力の法則を発見したという有名なエピソードがあります。

リンゴが枝から離れたなら、当然地面に落ちます。その同じ現象を、「リンゴと地面が引っ張り合っている」と表現を変えます。この表現を変えることをレトリックというのですが、たとえ表現が変わろうとも、「リンゴが地面に落ちる」という現象と、「リンゴと地面が引っ張り合っている」という現象とは、「イコールの関係」です。

私たちは自分の視点から見ているので、リンゴは地面に落ちたとなります。ところが、ニュートンはその瞬間、リンゴの

■イコールの関係

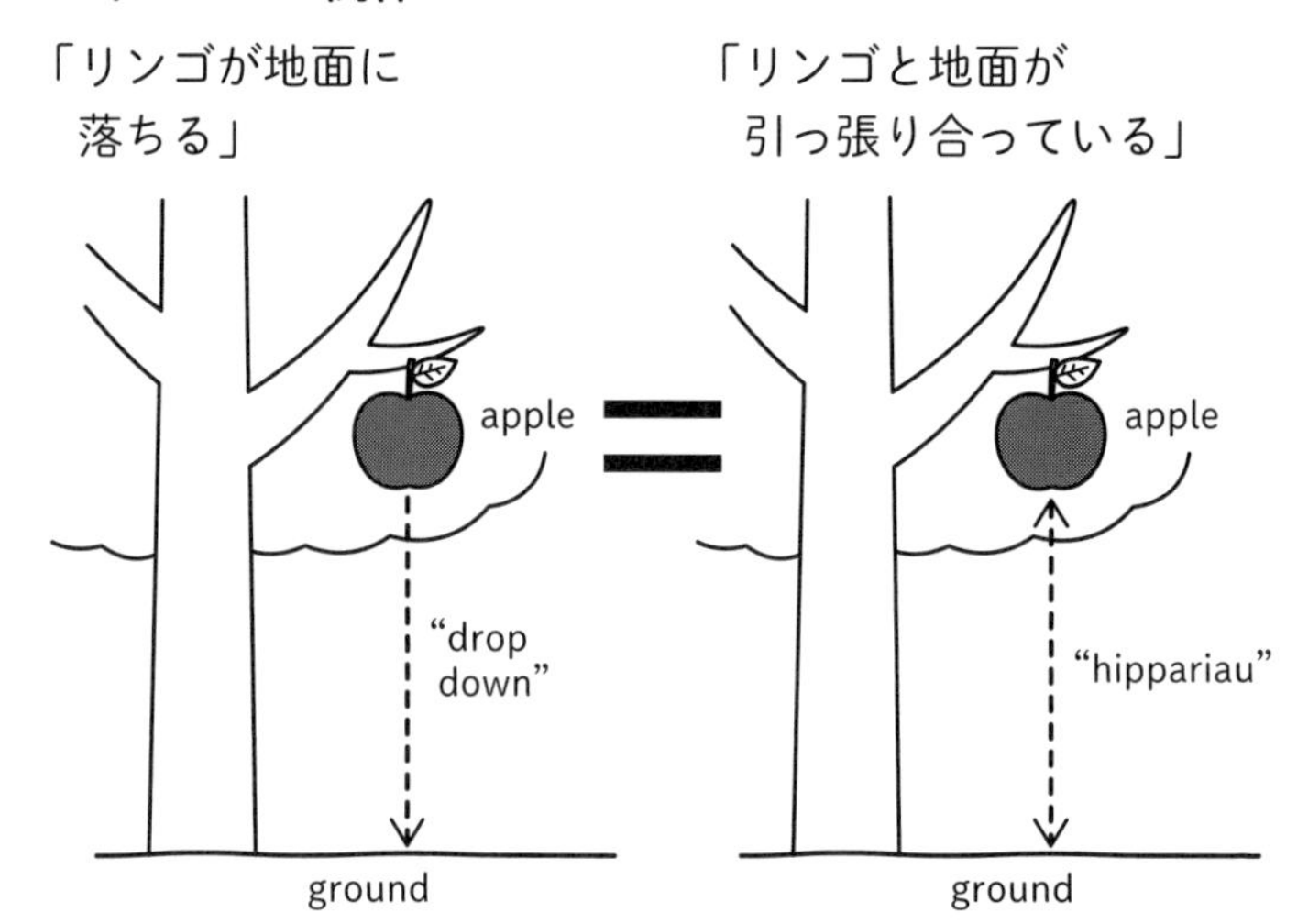

立場でものを見たのかもしれません。その時、リンゴは地面に吸い寄せられるように、引きつけられたのです。リンゴからすれば「地面に落ちた」のではなく、「地面が近づいてきた」と感じられたのでしょう。

その時、おそらくニュートンの脳裏に何かがひらめいたに違いありません。

「具体→抽象」という「イコールの関係」を使うと、「すべての物と物とが引っ張り合っている」となります。これが万有引力の法則です。

もちろん、私たちはすべての物と物が引っ張り合っているかを検証することなど不可能ですから、これはあくまで仮説です。

でも、この仮説が正しいとすれば、太陽と地球も引っ張り合っているはずで、その結果、太陽の方が遙かに重いので、地球は太陽を中心に円運動を行っていると推測できます。

これが先ほどとは反対の「抽象→具体」といった「イコールの関係」です。

私たちは今この瞬間、地球が太陽の周囲を回っているということを、見ることも確かめることもできません。それでも、論理によってそれを知ることができます。

**論理というルールを意識することによって、私たちが見えないこと、体験できないことも知ることができる**のです。

ニュートン以前の人々も、リンゴが木から落ちることを体験的に知っていました。ニュートンは私たちがすでに知っていることを、単に表現を変えたにすぎません。

では、なぜ、ニュートン以前の人々は、万有引力の法則を発見できなかったのでしょうか？

それは現象面に捉われていたからです。月が満ち欠けするのも同じで、ニュートンはその現象を論理の枠組みで観察し、言語にしたのに対して、一般の人たちは目に見えるままを捉えているにすぎません。その意味で、ニュートンは言語能力に優れていたからこそ、世紀の大発見を生んだといえるのです。

\POINT/

**現象面に捉われることなく、論理の枠組みで思考せよ。**

## カオスと明晰を意識せよ

私は今「出口式みらい学習教室」を立ち上げ、全国でフランチャイズ展開を始めたのですが、そのため小学校低学年の子供を直接指導する機会に恵まれました。

私は最初の授業で、小学校三年生の子供にカオスと明晰という言葉を教えました。カオスは頭の中が混沌としている状態、それに対して、明晰とは頭の中が整理され、スッキリとした状態だと。もちろん、その子はカオスや明晰という言葉など生まれて初めて聞いたと言っていました。

私は子供に問題を解かせるとき、答えがあっているかどうかは二の次で、どのような頭の使い方をしたのかを、子供自身に説明させることにしています。国語では同じ文章、同じ設問が出題されることはほとんどありません。だから、どんな問題でも解ける頭の使い方を徹底的に教え込むのです。

頭の中がカオスであれば、人に説明することは不可能です。しかし、頭の中で論理的に整理されていれば、それを誰にでもわかるように論理的に説明することができるのです。その頭の状態が明晰です。

イメージしてください。

今、机の上には膨大な書類が山積みになっています。その書類の山から必要なたった一枚の書類を見つけ出してください。

すると、あなたは書類の山をかき分け、一枚一枚ひっくり返しながら、「これでもない、あれでもない」と引っかき回すに違いありません。たとえ見つけ出すことができたとしても、かなり時間を要したことでしょう。これが頭の中がカオスの状態なのです。

それに対して、不必要になった書類をゴミ箱に捨て、机の上には必要な書類だけをいつでも取り出せるようにしておき、さらにファイルごとに整理してあれば、必要な一枚を確実に、しかも、迅速に見つけ出すことができます。こうした頭の状態が明晰なのです。

こうした指導を一カ月ほどすると、子供は文章の読み方、考え方、話し方、書き方までが同時に驚くほど変化することになります。

この書類を取り出すイメージには、二つの大切な要素が示されています。

文章はそれが長い文であるほど、多くの言葉で成り立っています。その一つひとつの言葉には意味があり、多くの情報が盛り込まれています。それらを同じ比重で頭に入れようとするから、頭の中がゴチャゴチャし、カオスの状態となってしまうのです。その状態のままでは、文章を理解することも、設問に答えることも、人に論理的に説明することもできません。

文章は要点と飾りとで成り立っています。どんな長い文章でも、数行の要点さえ読み取れば、いつでも頭の中はスッキリとした状態を保つことができます。不要なものはゴミ箱に捨て、机の上には大切な書類しかない状態と同じです。このように大切な要素の一つは、多くの情報を頭に詰め込むのではなく、必要なものだけを頭に置くことです。

もう一つの要素は、大切な書類が机の上に整理された状態で置かれていることです。これが頭の中を論理で整理することに他ならず、それを可能にするのが論理力なのです。そして、**論理とはわずかな言葉のルールで成り立っている**のです。

この二つの要素を満たした頭の状態が明晰なのです。

## 問題 10

**次の文の中で最も大切な言葉は何か。またその理由を説明しなさい。**

**小鳥が　かわいらしく　鳴いた。**

## 解説 10

小学生にこの問題を解かせてみると、「かわいらしく」を答えにする子供が多かったのですが、大人にとっては簡単だったかもしれません。子供が「かわいらしく」を答えにしたのは、この言葉が最も印象深かったからなのかもしれません。なぜなら、「かわいらしく」は小鳥の鳴き声を具体的に説明したもので、イメージしやすかったのではないでしょうか。

大切なのは、なぜ「かわいらしく」が答えにならないのか、その理由を答えることができるかどうかです。

「かわいらしく」を取ったところで、この文は「小鳥が鳴いた」で成立します。ということは、「かわいらしく」は「鳴いた」を説明する飾りの言葉だとわかります。逆に「小鳥が」「鳴いた」はどちらも取ってしまえば、文は成立しなくなります。

では、主語と述語と、どちらがより大切かというと、英語では主語が省略されると命令文となるので、主語は原則として省略されることはありません。その意味で、英語は主語を明示することによって、責任の所在を明確にした言語だといえるでしょう。

一文が要点と飾りとで成り立っているならば、**主語と述語が一文の要点**といえます。

それに対して、日本語では前文の主語と後文の主語が同じ場合は、原則そして後文の主語は省略されることが多いのです。主語を明確にしないということは、責任の所在を曖昧にすることにつながります。少なくとも、**日本語においては述語が大切だといえる**でしょう。

答え

**鳴いた・一文の要点であり、日本語では述語が中心となるから。**

どんなに複雑な文でも、主語と述語といった要点さえ押さえれば、大筋で意味を読み違えることはありません。英文解釈でも、英作文でも、一文一文を訳していく限り、まず主語と述語、それから目的語をおさえることが大切なのです。

POINT

**複雑な文や長い話であっても、主語と述語をまず見つけること。**

主語となる言葉を体言、述語となる言葉を用言といいます。主語と述語になる言葉だけ、こうした特別の用語を与えられていることは、これらが一文の要点である証拠ではないでしょうか。

そして、体言を飾る言葉を連体形、連体修飾、用言を飾る言葉を連用形、連用修飾というのですから、一文が要点と飾りとで成り立っていることは明らかです。

これは何も日本語に限った法則ではありません。たとえば、英語においても、SVとかSVOといった文型を学習したことがあると思いますが、**S（主語）、V（述語）、O（目的語）こそが一文の要点**であり、英語ではこれらを文のはじめの方に明示するのです。SやVを修飾句、不定詞、関係詞などで飾ることは、日本語と基本的に変わることはありません。

多くの英語の先生は文型を知識として与えるだけであり、なぜSやVが大切なのかを教えることはありません。

しかし多くの言語は、論理という普遍的な法則によって共通のルールを持っています。それを知らずに日本語を使い続けるか、ルールに基づいて日本語を使うかで、頭の使い方にかなりの違いが出て来ることでしょう。

POINT

**一文の要点は主語と述語、目的語で、あとは飾り言葉。**

## 飾りは具体的であるほど「たった一つ」を表現できる

今、私が鉢植えの花に水を毎日やって、花がようやく咲いたとしましょう。もちろん、私が水をやった花はこの世にたった一つしか存在しません。この花を表現するには、どのようにしたらいいのでしょうか。

## ■要点（主語＋述語＋目的語）と、飾りを見わける

抽象

① 主語（S）＋ 述語（V）

花が（S）　咲いた（V）

② 主語（S）＋ 述語（V）＋目的語（O）

花が（S）　庭に（O）　咲いた（V）

③ 飾りをつけて具体的にする

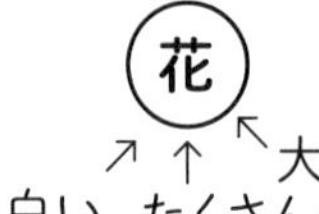


庭 ← 自宅の

具体

たくさんの 大きな 白い 花が（S）、
自宅の 庭に（O） 美しく 咲いた（V）。

じつは「花が咲いた」では何の表現にもなっていないのです。なぜなら、「花」という言葉は世界中の「花」の共通点を取り出した言葉であり、「咲いた」も世界中の「咲いた」の共通点を取り出したものに過ぎません。だから、私が育てたたった一つの鉢植えの花については何一つ伝えていないのです。

つまり、「花」「咲いた」という主語と述語は抽象概念であり、それだけでは表現が成り立っているとはいえません。たとえば、「私が花屋から買ってきて机の上に置き、毎日水をやった鉢植えの花」というように「花」に飾りをつけて、初めて表現として成立するのです。そして、その飾りは具体的な表現となります。

しかし、この一文の要点はやはり「花が咲いた」に他なりません。

POINT

**主語と述語は抽象概念であり、それだけでは表現は成立しない。**

日本語を磨くためには、名文を使って練習することが最も効果的です。そこで、本書の

「日本語の練習問題」の多くは、様々な名文から取り上げています。問題を解くことによって、名文に触れることができるだけでなく、それがなぜ名文なのかも実感できるように解説していきます。文章を書くときのヒントも散りばめていますので、解説をじっくりと読み込んでください。

**問題 11**

**次の文を十二字でまとめなさい。**

**激しい西風が目に見えぬおおきなかたまりをごおっと打ちつけては、またごおっと打ちつけて皆やせこけた落葉松の林を一日いじめ通した。**

長塚節(たかし)の代表作である「土」の文章です。長塚節はアララギ派の歌人であると同時に、自然主義の作家であり、「土」は当時の農民の過酷な生活を写実的に綴(つづ)った作品です。

この文章を書いている長塚節の脳裏には激しい西風が吹きすさび、林が大きく揺れ動いている情景が浮かんでいるはずです。そして、その瞬間の情景であり、たった一回しかない具体的な場面なのです。それを不特定多数の読者に伝えるために描写するのです。

**解説 11**

「十二字にまとめよ」という設問なので、一文の要点を取り出せばいいとわかります。主語は「西風が」で、述語が「いじめ通した」。ところが、「西風がいじめ通した。」だけでは何をいじめたのかわからないので、目的語の「林を」も必要だとわかります。これで十二字です。

**答え**

**西風が林をいじめ通した。**

さて、これで六十字ほどの文を十二字にまとめたわけですが、「西風が林をいじめ通した」では、世界中の「西風」「林」「いじめ通した」なので、長塚節の脳裏にある、たった一つの瞬間的場面を描写したことにはなりません。そこで、これらの抽象概念に飾りをつけなければならないのです。

「激しい」→「西風が」、「皆やせこけた落葉松の」→「林を」と、それぞれに飾りがついています。これにより葉がすっかり落ちて、枝ばかりになった落葉松の木が激しく吹きすさぶ西風に揺さぶられている情景が目に浮かんできます。季節は晩秋か冬でしょうか。

では、西風がどのように林に吹きつけたかというと、述語の「いじめ通した」に、「目に見えぬおおきなかたまりをごおっと打ちつけては、またごおっと打ちつけて」と飾りがついていています。絶えず風が吹くのではなく、断続的に強風が吹きつけているのがわかります。

このように飾りをつけることによって、長塚節の脳裏にあるたった一つの、瞬間的な場面が読者の脳裏に再現されるのです。

**飾りは具体的であればあるほど、一つしかない場面を描写することができます。**

また「西風が林をいじめ通した」と擬人法を使うことによって、まるで西風と林が生きているかのような、躍動感のある表現となったのです。

論理とは無関係だと思われがちな小説の文章でも、要点と飾り、抽象と具体というように、論理的な法則に貫かれているのです。

**問題12**

**傍線部「ざわざわと鳴る」の主語を答えなさい。ただしお品は登場人物の名前です。**

**林の雑木はまだ持ち前の騒ぎを止めないで、路地の梢がずっとたわってお品の上からそれを覗こうとすると、後ろからも後ろからも林の梢が一斉に首を出す。そうしてしばらくは、また一斉に後へぐっと戻って身体をゆさぶりながら笑いさざめくようにざわざわと鳴る。**

日本語では、前文の主語と後文の主語が同じ場合は、基本的に後文の主語は省略されます。省略されても、前文と同じ主語なので補うことができるからです。このように言葉のルールを知ると、たとえ間違った文章を書いてしまったとしても、推敲する段階で修正を加えることができます。

逆にいうと、**前文の主語と後文の主語が異なる場合は、主語は決して省略できません。**それなのに勝手に主語を省略してしまう文章をよく目にすることがあります。話し言葉なら相手が察してくれるので、しばしば主語を省略しても構わないときがあるのですが、その感覚で文章を書くと読み手には理解されないものとなってしまいます。

## 解説 12

さて、問題文ですが、主語の候補として、「林の雑木」「路傍の梢」「林の梢」があります。これらは同じものを指すのか、それぞれ異なっているのかも読み取らなければなりません。では、どう読み取ったらいいのでしょうか。

この文章は二文から成り立っています。後文の述語が傍線部の「ざわざわと鳴る」で、主語は省略されています。後文の主語が省略できるのは、前文の主語と同じ場合だけでしたね。そこで、前文の主語と述語を見つけると、「林の梢が一斉に首を出す」だとわかります。そこで、主語は「林の梢」だと答えがわかりますが、この文の要点は「林の梢が首を出す。そうしてしばらくは、(林の梢が)ざわざわと鳴る」に過ぎません。長塚節の文章が名文であるのは、その飾りの見事さにあるのです。

「路地の梢」がお品の様子を覗こうとしています。「路地の梢」の後ろにある「林の梢」が後ろから覗こうと首を出したのです。そして、「路地の梢」と「林の梢」を合わせたものが、「林の雑木」なのです。
このように主語と述語に着目することで、複雑な文でも正確に分析できます。こうした方法が英語や古文の解釈でも有効なのはいうまでもありません。

答え

**林の梢**

この場面は、農婦のお品が重労働の途中体調を崩し思わず蹲(うずくま)っているのを、林の雑木たちがそれを覗き込もうとざわざわと鳴っているシーンですが、擬人法を巧みに駆使することによって、非常に動きのある描写となっています。

POINT

**前文の主語と後文の主語が同じ場合に限って、主語は省略できる。**

問題13

次の文章は夏目漱石がケーベル先生について綴った文章です。夏目漱石はケーベル先生の生活をどのようなものだと書いていますか。二字で抜き出しなさい。

先生の生活はそっと煤煙(ばいえん)の巷(ちまた)に棄てられたギリシアの彫刻に血が通い出したようなものである。雑踏の中に己を動かしていかにも静かである。

解説13

夏目漱石の文章ですから、当然現代の状況ではなく、明治から大正時代にかけて、特に日本が目覚ましく近代化を遂げようとしている時代のことですね。次々と古いものが打ち壊され、誰もが欧米の思想や制度、文化などをありがたがる風潮の中で、漱石はひとり苦々しい思いでそれらを横に見ていたのでしょう。そうした鬱屈が「吾輩は猫である」に結晶したのです。そう考えると、「煤煙の巷」「雑踏」が日本の急激な近代化を象徴的に表しています。

ケーベル先生はそうした近代化を推進すべき役割を持って、日本にやってきたわけですが、なぜ漱石が彼の生活を賞賛したのかというと、「ギリシアの彫刻」にたとえたように、古いヨーロッパの伝統に根ざしたものだったからなのです。単なる彫刻ならば生命を持ってはいないのですが、ケーベル先生の生活は「血が通い出したよう」と表現しています。

伝統に根づきながらも、周囲の喧噪の中でひとり生き生きとした生活を送ってきて、それを漱石は「静か」と表現しているのです。このように短い文の中にも、漱石の近代日本に対する捉え方を読み取ることができます。

この問題は、主語から述語を読み取るものです。「先生の生活は」が主語で、述語が「血が通い出したようなものである」「静かである」。「二字」という条件があるので、答えは「静か」です。

**答え**

**静か**

主語と述語など、小学生レベルで簡単だと思われたかもしれませんが、私たちは意外とそのルールを実際には自在に使いこなしているとはいえません。次の問題はどうでしょうか？

問題14

**次の（　　）に入る言葉を、ア〜エの選択肢から選びなさい。**

**一枚の枯れ葉が天下の秋を（　　）する。**

**ア予感　イ予期　ウ予想　エ予告**

解説14

この一文は、作者が秋になって枯れ葉が一枚落ちるのを見て、「天下の秋」、つまり、政権が今にも崩壊しようとする状況を予感しているというものです。選択肢はどれも似たようなもので、紛らわしかったかもしれません。

「天下の秋を予感する」「天下の秋を予期する」「天下の秋を予想する」「天下の秋を予告する」

さて、どれが正しいかと聞かれても、途方に暮れるのではないでしょうか？

なぜなら、（　）に入るべき言葉を直前の「天下の秋を」から判断しようとしたからです。その結果、（　）に選択肢のどの言葉を入れても、「天下の秋を（　）する」と、日本語としてつながってしまったのです。

このように大抵の人は小学校から高校卒業に至るまで、なんとなくという自分の感覚で判断してきました。そして、感覚で判断する限りは、たとえ正解であってもそれはたまたまであり、こうした練習をいくら積んでもあなたの文脈力や読解力、説明力が磨かれることはまったくないのです。

日本語の言葉は日本語のルールで成り立っています。

「（　）する」はこの一文では述語であり、述語を決定するのは主語しかあり得ません。

では、主語は何かというと「枯れ葉」ですね。

「一枚の枯れ葉」が、私に「天下の秋」を告げたのですから、**エ**「予告」が答え。

なぜなら**ア**「予感」、**イ**「予期」、**ウ**「予想」したのはすべて作者である「私」なので、×になります。「枯れ葉」が「予感」「予期」「予想」したのではありません。

このように**述語を決定するのは主語でしかない**のに、意外と自分勝手な方法で言葉を処理しようとしている人が多くいます。その結果、文章とは感覚的なものだと思い違いをしてしまったのです。

日本語のルールを無視して、なんとなくという自分の感覚でことを処理してしまったのです。当然そのような日本語では相手に伝えたいことも伝えられません。

答え

**エ**

もし問題文が次のようになっていたらどうでしょうか。

一枚の枯れ葉が天下の秋を（　　）させる。

**ア**予感　**イ**予告

この場合、「一枚の枯れ葉」が「予告させる」のはおかしくなります。

「一枚の枯れ葉」が、私に「天下の秋」を「予感」させるとなります。

述語を決めるのは、主語です。

**「主語と述語の関係」は、日本語の大切なルールの一つ**です。日本語が論理的でないと考える人は、日本語のルールを無視して、自分勝手な使い方をしているからに他なりません。

そういう人に限って主語と述語がねじれた文章を書いてしまいがちです。

その結果、日本語の美しさにも気がつかないでいるのです。

こうしたルールを大切にするだけで、私たちは主語と述語が呼応したきれいな文章を書いたり伝えたりすることができるのです。

POINT

## 「主語と述語」は、読解の最重要アイテム。

一文の要点は主語と述語、そして目的語であり、あとの言葉はその要点を説明する飾りの言葉にすぎません。だからこそ、文章を読むとき、まず主語と述語をしっかりと読み取らなければならないのです。

日本語においては、主語は省略されることが多々あります。そこで、述語に着目して、時には省略された主語を補わなければなりません。

この主語と述語の捉え方を、再び石川啄木の短歌でトレーニングしてみましょう。短歌は言葉を三十一文字に集約したものですから、省略された言葉を補って鑑賞しなければなりません。まさに日本語の練習には最適ですね。

問題15

次の啄木の短歌の（　　）に入る言葉を、ア〜イの選択肢から選びなさい。

石をもて　追はるるごとく　ふるさとを　出でしかなしみ（　　）時なし

ア 消ゆる　　イ わする

解説15

悲しみが「消ゆる」でも「わする」でも同じことじゃないかと思うようでは、とても正しい文脈を理解して、美しい日本語を使いこなしているとはいえません。

「消ゆる」だと、主語は「かなしみ」。それに対して、「わする」だと、主語は啄木。では、主語の違いにより、どのように情感が異なるのでしょうか？

「かなしみわする時なし」だと主語は啄木になるので、啄木がふるさとを追われたときの悲しみを絶えず心に抱いていたということになります。これでも短歌は成立しますが、ふるさとを追われたときの悲しみをいつまでも忘れないと、平俗に陥ってしまう嫌いがあります。

それに対して、「かなしみ消ゆる時なし」だと、啄木本人の意志とは無関係に、悲しみは消えることがないという意味になります。

普段はふるさとのことを意識していないのだけれど、何かの拍子にふっとふるさとを追われた痛みが顔を出し、その痛みは生涯消えることがない、といったところでしょうか。

もちろん「消ゆる」のほうが自分ではコントロールできない「悲しみ」なので、より情趣が深いといえるでしょう。

このように主語と述語を意識することで、日本語の使い方、感情の伝え方が格段と進歩するのです。

答え

ア

問題16

**次の啄木の短歌の（　　）に入る言葉を、ア〜ウの選択肢から選びなさい。**

**まくら辺に子を坐らせて、**
**まじまじとその顔を見れば、**
**（　）ゆきしかな。**

**ア 笑って　　イ 逃げて　　ウ 泣いて**

啄木は慢性腹膜炎の手術後に肺結核を発症します。さらに妻が肺カタルになったことで家主から立ち退きを迫られます。そうした貧苦の中で啄木は死んでいくのですが、以下の日記は死の約二カ月前に書かれた最後のものです。

「日記をつけなかった事が一二日に及んだ。その間私は毎日毎日熱のために苦しめられていた。三九度まで上がった事さえあった。そうして薬をのむと汗が出る為に、体はひどく疲れてしまって、立って歩くと膝がフラフラする。そうしている間にも金はドンドンなくなった。母の薬代や私の薬代が一日約四〇銭弱の割合でかかった。質屋から出して仕立て直さした袷と下着とは、たった一晩家に置いただけでまた質屋へやられた。その金も尽きて妻の帯も同じ運命に逢った。医者は薬価の月末払を承諾してくれなかった。」

死の前々日の啄木の様子を、歌人若山牧水が綴った文章です。

「死ぬ前々日に石川君を見舞ふと、彼は常に増して険しい顔をして私に語った。『若山君、僕はまだ助かる命を金の無いために自ら殺すのだ。見たまえ、そこにある薬がこの二、三日断えているが、この薬を買う金さえあったら僕は今すぐ元気を回復するのだ、現に僕の家には一円二六銭の金しか無い、しかももう何処からも入って来る見込は無くなっているのだ』と。」

そうした貧苦と病気の中で綴った三行詩が歌集『悲しき玩具』で、問題文の短歌はその中の一首です。

## 解説16

問題文の短歌は「ゆきしかな」と、詠嘆の助詞「かな」が使われているので、「ゆきし」に啄木の思いが込められているとわかります。

では、「ゆきし」の主語が何かというと、ここでは省略されたまま主語の転換がなされていることがわかります。

「まくら辺に子を坐らせ」たのも、「まじまじとその顔を見」たのも、啄木です。ただし「まくら辺」とあるので、啄木が今床に伏しているのがわかります。

だから、「ゆきし」の主語は啄木ではなく、枕元に座っている子供のはずです。そう考えると子供が「笑っていった」「逃げていった」「泣いていった」の三択ということになります。

「笑っていった」は日本語としても内容としてもおかしい表現です。

「泣いてゆきし」なら日本語としておかしくはありませんが、やはり平凡です。「逃げてゆきし」のほうが、子供が啄木を恐れていることがわかりますので、より情感が深いといえます。

これはなんとももの悲しい歌ですね。これが最後かもしれないと、自分の子供の顔をまじまじと見れば、自分の子供が怖がって逃げてゆくのですから。

子供は正直です。おそらく啄木の病気でげっそりと頬(ほほ)こけた顔が怖かったのか、それとも死が近づく啄木の雰囲気そのものを恐れたのか。どちらにしろ、死ぬ前に一目と思って見た我が子が、自分を怖がって逃げたというのは、なんともいいようのない情景だと思います。

これは少々難しい問題でしたが、主語と述語を意識した日本語の使い方をしていると、相手の気持ちを読み取る力が自然とついてくるので、今回のような問題も解けるようになってきます。

答え

イ

POINT

情感のこもった韻文であっても、日本語のルールに貫かれている。

# 第4章

# 五感を取り入れることで、瑞々しい表現になる

# 大人こそ童話を読みなさい

どうすればより深い情感を人に伝えることができるのか？

これは文学者の永遠のテーマでした。

私たちは既成の言語では表現できないものでも、それでもなんとか言葉を使って人に伝えようとします。それが深い世界であればあるほど、既成の言語では表現に限界があります。

そんなとき、彼らは**「五体の感覚」をフルに使いこなす**のです。

彼らの手法を学ぶことにより、あなたの感性を最高レベルまで磨いていきましょう。

その表現を学ぶためにも、ぜひ触れておきたいのが童話です。


あなたは童話を子供の読み物と思っていませんか？

子供の頃は、見るものすべてが新鮮で、世界は絶えず瑞々（みずみず）しく蘇（よみがえ）ってきたものでした。

夜道を歩いたとき物陰に潜んでいるかもしれない物の怪（もののけ）の恐ろしさ、初めて食べたチョコレートのとろけるような甘さ、待ち遠しい正月や夏休みのときめき、こうしたものはすべて大人になるに連れて色あせてしまいました。

私たちは少しばかりの知識と経験とで物事を理解し、想像力を発揮する場を失ってしまいました。

**童話は大人こそ読むもの**です。

大人の知識と体験でもって、子供の視点から世界を捉え直すことが、私たちの鈍磨した神経を再び瑞々しいものへと蘇らせます。

そこで、おすすめは新美南吉（にいみなんきち）。

子供の頃、誰もが一度は読んだことのある童話「手袋を買いに」です。

■五感と日本語を結びつけて、深い情感を表現できる

**視覚**
・目から入る情報量が最も多い。イメージ力・想像力にもつながる。食べ物の味もほぼ視覚で決まるそう。

**嗅覚**
鼻は本能的に安危を確認する器官で、動物の中では最も発達した五感。

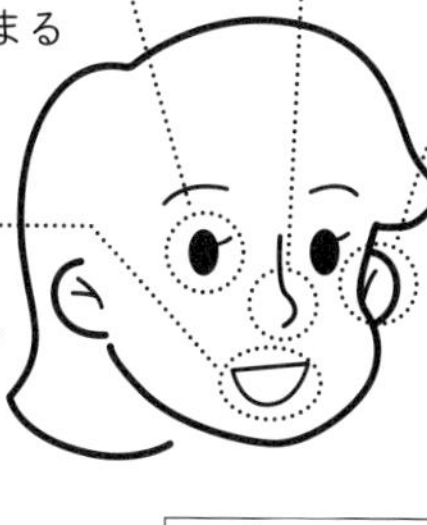

**聴覚**
・意識と密接につながっていて、本能よりも理性に近い感覚。耳から入る音を情報源として捉える。

**味覚**
・舌で甘・酸・塩・苦・うま味を感じる。加齢ごとに味に対する感度も低下するという。

**触覚**
・鮮明な記憶を強く残す。

五感の優先順位は人それぞれ異なり、生まれた時や子供の頃の環境によって影響を受けているともいわれる。

## 問題 17

次の文章を読んで、あとの問いに答えなさい。

寒い冬が北方から、狐の親子の棲んでいる森へもやって来ました。

或朝洞穴から子供の狐が出ようとしましたが、

「あっ」と叫んで眼をおさえながら母さん狐のところへころげて来ました。

「母ちゃん、眼に何か刺さった、ぬいて頂戴早く早く」と言いました。

母さん狐がびっくりして、あわてふためきながら、眼をおさえている子供の手を恐る恐るとりのけて見ましたが、何も刺さってはいませんでした。母さん狐は洞穴の入口から外へ出て始めてわけが解りました。昨夜のうちに、真白な雪がどっさり降ったのです。

新美南吉「手袋を買いに」

問　子供の狐の眼がどうなったのか、最も適切なものを選びなさい。

ア　目に何かが刺さってしまった。
イ　雪が目の中に入ってしまった。
ウ　虫が目の中に飛び込んでしまった。
エ　日の光が雪に反射して、まぶしかった。

解説17

今、狐の親子は森の中の洞穴にいます。子狐が暗い洞窟（どうくつ）から出た瞬間、眼に何かが突き刺さったような感じがしました。

そこで、子狐は「あっ」と思わず叫んで、「母ちゃん、眼に何か刺さった、ぬいて頂戴早く早く」といったのです。

「母さん狐がびっくりして、あわてふためきながら、眼をおさえている子供の手を恐る恐るとりのけて見ました」とあるのですが、その時のお母さん狐のあわてぶりは微笑ましいですね。親の子を思う気持ちが見事に表現されています。

さて、答えは問題文に続く形で次のように書かれています。

「その雪の上からお陽さまがキラキラと照[てら]していたので、雪は眩[まぶ]しいほど反射していたのです。雪を知らなかった子供の狐は、あまり強い反射を受けたので、眼に何か刺さったと思ったのでした。」

正解を得るには、子供の視点でこの場面を読み取らなければなりません。真っ暗な洞穴から外に飛び出したとき、きらきらと反射した雪がいきなり目に飛び込んできたのです。生まれて初めて見た雪に対する子狐の驚きが、生き生きと表現されているのではないでしょうか。

**私たちはこうした雪に対する新鮮な感動をすっかり失ってしまっていますが、この作品を通して瑞々しい感性をもう一度取り戻すことができるはずです。**

子供は私たちと比べて、言語能力が発達していないだけに、身体的な表現を駆使する達人です。

雪に反射した光を初めて目に受けた時の感覚が、「何かが目に刺さった」なのです。

答え

エ

\POINT/

童話によって、私たちは新鮮な感覚を呼び戻すことができる。

## 人間で最も優れた五感「嗅覚」を表現する

動物で最も発達した五感は嗅覚です。

大勢の人たちがこもっている部屋に入った時、「タバコ臭い」とか「空気が悪い」とまず判断するのが鼻で、その後に目が徐々に働きだし、その部屋の中には何人いるとか誰が何をしているとか、雑然とした情景を次第に整理し始めます。最後に働きだすのが耳で、最初はがやがやとうるさいなあと思っていた聴覚が、一人ひとりの話し声やその内容を捉えだします。

なぜ最初に嗅覚が働くのか。

それは安全かどうかを瞬時に判断するためで、それゆえ鼻は顔の中心で飛び出ており、最も本能に近いのです。それに対して、視覚や聴覚は脳髄とつながっています。そこには人間の理性的な判断が加わるからです。

犬や猫が初めての場所に連れて行かれると、必ずあたりを嗅ぎまわります。それは本能的に安危を確かめているからです。それを確かめてから、初めて彼らは次の行動に移るのです。

人間は今や絶えず安危を確かめる必要がなくなりました。私たちはいきなり何者かに襲われ食べられてしまうとは考えません。そこで、次第に理性が本能に蓋をし始めました。動物の中で最も嗅覚が衰えたのが人間だといえるでしょう。

逆にいうと、言葉で説明しがたい何かを表現するには、嗅覚を言葉で表現することが非常に有効となります。石川啄木はまさに人間の深い悲しみを嗅覚で捉え、それを人に伝えることが巧みだった一人です。

POINT

**嗅覚を表現に取り入れることで、言葉では表現できないものを捉える。**

問題18

次の啄木の短歌の（　）に入る言葉を、ア〜ウの選択肢から選びなさい。

新しきインクの（　）
栓抜けば　餓えたる腹に
沁むがかなしも

ア にほひ　　イ 濃きに　　ウ 悲しさ

解説18

「濃きに」を選んではいませんか？

「濃きに」が答えだと、「腹に沁む」の目的語がなくなります。つまり、これだと何が腹に沁むのか、文章が不完全です。

そこで、「にほひ」か「悲しさ」のどちらか。もちろん新しいインク瓶の栓を抜いたのだから、「にほひ」が答え。今はインク瓶を使う人はまれになったかもしれませんが、確かに瓶に入ったインク液には独特の匂いがあります。**餓えた啄木にはその匂いでさえ腹に沁みるのでしょう**。

インクは小説を書くためのもの。食事代をも削って必死で原稿を書いている若き啄木の姿が目に浮かぶようです。原稿が売れなければ、妻と子供たち、そして年老いた両親を食べさせることができません。かといって、文学的野心を抱いた啄木にとっては、一般の就職など耐えられないことでした。

「インクのにおい」によって、啄木の生活の苦しさ、それでも文学にしがみつこうとする不遇の思いが見事に伝わってきます。

答え

**ア**

## 問題 19

次の文章を読んで、あとの問いに答えなさい。

その檸檬(れもん)の冷たさはたとえようもなくよかった。その頃私は肺尖(はいせん)を悪くしていていつも身体に熱が出た。事実友達の誰彼に私の熱を見せびらかすために手の握り合いなどをしてみるのだが、私の掌(てのひら)が誰のよりも熱かった。その熱いせいだったのだろう、握っている掌から身内に浸(し)み透(とお)ってゆくようなその冷たさは快いものだった。

私は何度も何度もその果実を鼻に持っていっては嗅(か)いでみた。それの産地だというカリフォルニヤが想像に上(のぼ)って来る。漢文で習った「売柑者之言(ばいかんしゃのげん)」の中に書いてあった「(　)を撲(う)つ」という言葉が断(き)れぎれに浮かんで来る。そしてふかぶかと胸一杯に匂やかな空気を吸い込めば、ついぞ胸一杯に呼吸したことのなかった私の身体や顔には温い血のほとぼりが昇って来てなんだか身内に元気が目覚めて来たのだった。……

実際あんな単純な冷覚や触覚や嗅覚や視覚が、ずっと昔からこればかり探していたのだと言いたくなったほど私にしっくりしたなんて私は不思議に思える――
それがあの頃のことなんだから。

私はもう往来を軽やかな昂奮(こうふん)に弾んで、一種誇(ほこ)りかな気持さえ感じながら、美的装束をして街を闊歩(かっぽ)した詩人のことなど思い浮かべては歩いていた。汚れた手拭(てぬぐい)の上へ載せてみたりマントの上へあてがってみたりして色の反映を量ったり、またこんなことを思ったり。

――つまりはこの重さなんだな。――

その重さこそ常づね尋ねあぐんでいたもので、疑いもなくこの重さはすべての善いものすべての美しいものを重量に換算して来た重さであるとか、思いあがった諧謔(かいぎゃく)心からそんな馬鹿(ばか)げたことを考えてみたり――なにがさて私は幸福だったのだ。

梶井基次郎「檸檬」

問（　　）に入る言葉を、漢字一字で答えなさい。ただし、人間の肉体の一部を表す言葉です。

解説19

梶井基次郎の名作「檸檬」からの出題です。

「その頃私は肺尖を悪くしていていつも身体に熱が出た。」とあることから、主人公の「私」はすでに肺結核に冒されていることがわかります。一個の檸檬を手にすることで不思議なことに今までの憂鬱（ゆううつ）が消え去るのですが、それは「私」が肺を冒されていることと関係があります。

肺結核は絶えず熱に脅かされるのですが、檸檬のひんやりとした感触が熱を持った手に心地よかったのです。そして、檸檬のさわやかな匂い。その匂いが病んだ肺に染みいって、「私」の気分を変えていったのです。そこで、空所には「鼻」が入ることがわかります。

最後に、檸檬の「重さ」。

「疑いもなくこの重さはすべての善いものすべての美しいものを重量に換算して来た

重さ」が、「私」の憂鬱を追い払ったのです。
まさに**梶井は五感をすべて鋭敏に働かせることによって、この凡庸な世界を瑞々しく再構成させようとしている**のです。私たちはなまじ健康な体を持っているがゆえに、日常の忙しさに紛れて、五感を封印してしまっているのかもしれません。

答え
**鼻**

POINT
**五感を働かせることで、凡庸な世界を瑞々しいものへと変換せよ。**

## イメージを喚起させる「聴覚」を表現する

嗅覚に比べて、聴覚は私たちの意識と密接につながっていて、より本能から遠い感覚だといえます。私たちは脳髄と連動して、音を聞き分けています。

ただし、**視覚と比べると、言葉ではない音は、言葉では表現できない深い情感を伝えることができます。**啄木の短歌で試してみましょう。

**問題 20**

**次の啄木の短歌の（　　）に入る言葉を、ア〜ウの選択肢から選びなさい。**

**呼吸（いき）すれば、**
**胸の中（うち）にて鳴る音あり。**
**（　）よりもさびしきその音！**

**ア凩（こがらし）　イ風鈴　ウ夢**

## 解説20

当時不治の病である結核となった啄木が、その悲しみを歌ったものです。「凩（こがらし）」と「風鈴」では、どちらが「寂しき音」として力を持っているかといったなら、やはり「凩の音」です。

肺結核で、呼吸をするたびに病んだ肺の中で鳴る音ですので、鈴の音のようなチリンチリンとした美しい音色というよりは、ヒューヒューといった乾いた音でしょう。**音にはそれぞれのイメージがつきまといます。**

「風鈴」はやはり夏の風物詩。夏の暑さの中でチリンチリンという風鈴の音は一時の爽やかさをもたらしてくれます。それに対して、「凩」の音は冬のイメージで、厳しい自然を思わせます。

胸の中の音であり、空所直後の「さびしきその音」から、「凩」が答えとなります。

## 答え

ア

# 記憶を強く残す「触覚」を表現する

人間の五感の中で、意外と鮮明な記憶となるものが触覚です。
たとえば、初めて握った恋人の手の感触とか、抱きしめた時の肌のぬくもりとか、触覚はそのもの丸ごとをそっくりと思い起こさせてくれます。

**問題21**

次の啄木の短歌の（　　）に入る言葉を、ア〜エの選択肢から選びなさい。

かなしきは
喉(のど)のかわきをこらへつつ
夜寒(よざむ)の（　　）にちぢこまる時

ア 椅子(いす)　イ 台所　ウ 夜具(やぐ)　エ 水道

## 解説21

普通に考えれば「椅子」か「夜具」ですが、これは難しくはありません。「夜寒」から、夜具（蒲団）をかぶって震えている情景が目に浮かびます。こうした表現自体決して珍しいものではありませんが、「喉のかわきをこらへつつ」とあるところに啄木の独自性があるように思えます。

いくら喉が渇いていても、寒いときはなかなか蒲団から出る気になれません。かといって、眠りにつくこともできない。そんな寒い夜の悲しさが伝わってくるようです。

答えが「椅子」ならば、喉が渇けば立ち上がって水を飲みに行けばいいのだから、これでは「夜寒」のわびしさは伝わらないでしょう。

**真冬の寒さの中でのごわごわした蒲団の感触。啄木はその感触で、言葉では説明ができない人生のわびしさを表現しています。**

## 答え

ウ

問題22

次の啄木の短歌の（　）に入る言葉を、ア〜エの選択肢から選びなさい。

（　）なき砂のかなしさよ
さらさらと
握れば指のあひだより落つ

ア　きゆる　　イ　わする　　ウ　こころ　　エ　いのち

解説22

あてはまりそうなのは「こころ」か「いのち」です。もちろん、砂は心も持っていないし、命も持っていません。どちらが適切かは、直後の「さらさらと握れば指のあひだより落つ」によって決定されます。

今、指の間からさらさらと落ちる砂の感触を思い浮かべてください。

もし、砂が生き物ならば、握られたならそれなりにもがくか、手から逃れようとするでしょう。ところが、砂はさらさらと指の間から落ちていくばかりです。ここでは、**「いのち」がない砂の悲しさを詠んだものと解釈します。**

よく砂時計の砂を命にたとえたりしますね。西洋では永遠なものに対する希求が強いのですが、日本人はたとえば「花は散るからこそ美しけれ」といった命の一瞬の輝きを尊びます。まさにここにも日本人の感性がきらりと光っています。

答え

**エ**

問題23

**次の啄木の短歌の（　　）に入る言葉を、ア〜エの選択肢から選びなさい。**

**かなしくも**
**夜明（よあ）くるまでは（　　）いぬ**

**息きれし児の肌のぬくもり**

**ア泣いて　イすいて　ウ涙　エ残り**

## 解説23

この主語は「息きれし児の肌のぬくもり」なので、「残り」が答え。

死んだ子供の肌のぬくもりが、明け方までその蒲団に残っていたのでしょう。そのぬくもりに触れて泣く啄木の姿が目に浮かんできます。

死んだ我が子の体は、やがて冷たくなって、硬直していきますが、それまでのわずかな間のぬくもり、その感触が我が子を亡くした親の悲しみを伝えます。

このように感触もまた言葉にならない深い情感を伝える手段となるのです。

## 答え

**エ**

## 問題24

次の啄木の短歌の（　）に入る言葉を、ア〜エの選択肢から選びなさい。

笑ふにも笑はれざりき――
長いこと捜したナイフの
（　）の中にありしに。

ア　凩　　イ　風鈴　　ウ　夢　　エ　手

## 解説24

非常に理屈の勝った歌です。「笑ふにも笑はれざりき」の理由が、以下に示されています。ナイフがどこにあったのかというと、選択肢の中では「夢」か「手」しか見当たりません。もちろん、「夢」だと、「笑ふにも笑はれざりき」の理由にはなりませんので、答えは「手」です。

**長いこと捜したのに、それが自分の「手」の中にあったと表現して、初めてこの歌の面白さが生まれてくるのです。**しかも、捜し物はナイフ。自分の中に人を突き刺すナイフがあることに気づいて愕然（がくぜん）としたことがうかがえます。

啄木は多くの人たちに傷つけられてきた——でも、鋭い切っ先の感触でもって、人を傷つけるナイフは自分の中にもあったのでしょう。

鋭い刃物の感触が傷つけ合う人と人との関係の苦しさを伝えています。

答え

エ

## 「身体の一部」を通して感情を表現する

最後は肉体を使った表現です。もちろん、脳髄ではコントロールできない肉体の表現です。肉体が言葉と結びつく時、私たちが全身で受け止めなければならない深い表現が可能になるのです。

問題
25

次の啄木の短歌の（　　）に入る言葉を、ア〜ウの選択肢から選びなさい。

友よさは
乞食（こじき）の卑しさ厭（いと）ふなかれ
飢えたる時は（　　）もしかりき

ア われ　イ だれ　ウ かれ

解説
25

「われ」か「だれ」か。もちろん、どちらの言葉を選んでも意味は通じます。では、啄木の感性ならば、どちらの言葉を選んだでしょうか。

友だちが時折見せるもの欲しい態度、乞食のような卑しさ。それを見た人たちは彼をさぞかし軽蔑（けいべつ）したでしょう。

**ア**

でも、啄木は友だちを決して笑うことができません。決して誰もが同じだといっているのではありません。他の人間はいざ知らず、啄木は自分自身の心の奥にある卑しさを絶えず凝視しているのです。

もし、飢えたときは、自分だって友と同じように乞食のような卑しき振る舞いをするかもしれないと知っているからです。だから、友だちの振る舞いを見て、とげが刺さったような苦い痛みを感じているのです。

「だれ」を答えにすると、だれもが同じだとなってしまいます。

啄木は他人のことをとやかくいうのではなく、あるいは人間はみんないざとなると卑しい行いをするといいたいのではなく、「**自分**」**も飢えたときは卑しい行いをしてしまうといいたいのです**。自分の心の奥底にあるヘドロのようなものを自分の手でつかみ出し、それを白日の下にさらけ出そうとしたのです。

そうした人間の悲しさを、飢えた時の肉体の苦しみを通して伝えているのです。

問題 26

次の啄木の短歌の（　）に入る言葉を、ア〜ウの選択肢から選びなさい。

はたらけど　はたらけど
猶わが生活楽にならざり
ぢつと（　）を見る

ア目　イ手　ウ空

解説 26

日本人なら誰もが知っているような有名な歌です。

「手」を見ようが、「空」を見ようが、どちらでも意味は通じるのですが、やはり「**はたらけど　はたらけど**」**とあるので、**「**働く**」**につながる**「**手**」**が答え**です。しかも、「わが生活」とあるので、自分の肉体の一部である、しかも労働の主体となる「手」をじっと見るとすべきです。

人は苦しいとき、悲しいとき、空を見上げることがよくありますし、坂本九の「上を向いて歩こう」という歌のように、そういった表現もしばしば使われます。しかし、啄木は空ではなく、おのが手をじっと見つめるのです。これも自分の内面を深く見つめ続けた啄木ならではの表現なのでしょう。

人間の手は労働を意味します。ものを作ったり、力仕事をしたり、家事をしたり、時には文章を書いたりと、人の手は休むことなく働き続けます。**手にはその人が生涯をかけてどんな仕事をしたのかが刻み込まれています。**

啄木はそんな手をじっと見たのです。

**イ**

啄木は貧しさの中、生後二週間くらいの男の子を死なせているのですが、その子供に対する追悼の歌を詠んでいます。

問題27

次の啄木の短歌の（　）に入る言葉を、ア～ウの選択肢から選びなさい。

おそ秋の空気を
三尺四方ばかり
（　）わが児の死にゆきしかな

ア 泣いて　イ 吸ひて　ウ 涙

解説27

妥当なのは「泣いて」か「吸ひて」ですが、「わが児の死にゆきし」とあることから、我が子が秋の空気を吸ったと、ここでは「吸ひて」しか入りません。まだ秋の空気を三尺四方しか吸っていないのに幼い子供が死んでいったと嘆いているのです。冬の空気も、春の空気も吸えず、狭い部屋の外の空気も吸うことなく死んでいったのです。

この「空気を吸う」といった身体の動作、さらに「三尺四方」といった日本の家屋の感覚。このような身体の感覚を通して表現することで、ただ単に「悲しい」と感情語で表現する以上の、圧倒的な存在感を持った「悲しみ」を相手に伝えることができています。

## 答え　イ

感情語に自分なりの感覚をのせて表現する。それによって文学の場に限らず、人間関係や仕事の場などで相手の心に響き、動かすような表現ができるようになります。

特に**日本語は五感と結びつけて表現することで、言葉では説明できない深い情感を相手に表現することができるようになる**のです。

五感は誰もが等しく持っているものであり、それを「ムカつく」「ヤバイ」「うざい」などでしか表現できないのは、ただ感情を発露しているだけで、決してそれを感性まで昇華してはいないのです。そして、それだけの大雑把な世界の捉え方しかできないことで、その人の精神世界が露呈されることになります。

感情を感性にまで昇華するためには、言葉の力が必要なのです。

POINT

**日本語を五感と結びつけて、感情を感性にまで昇華せよ。**

# 第5章

# 「文脈力」で言葉を正確に捉える

# 文脈力を鍛えると、人間関係がスムーズになる

日本語は論理的でないと、よくいわれます。この時の論理とは、あくまで西洋流の論理を基準にしたもので、第1章の敬語表現でもわかるように、日本語には日本語特有の論理があります。

日本語が論理的でないといわれる理由の一つに、日本語の持つ曖昧（あいまい）さの問題があります。断定を避けたり、疑問形を用いることにより表現を和らげたり、こういった婉曲（えんきょく）表現は外国人には非常にわかりにくいものとなっています。

私たちは相手の言葉の真意を様々な状況の中で読み取らなければなりません。まさに空気を読むことが必要とされるのですが、一方でそうした読み取るための「日本語力」が日本人としての感性を磨き上げてきたのです。

**「日本語力」の中で最も大切なものの一つが文脈力**です。

文脈力というと、何か感覚的なもののように思われがちですが、じつは敬語表現と同じ

で、言葉をルールに基づいて使用する力に他なりません。

たとえば、上下に振動する球があるとしましょう。

その球を両側から糸で引っ張ったなら、球はぴたりと止まります。

その糸で引っ張る力が文脈力なのです。

**言葉は様々な意味に揺れ動くのですが、会話や文章の中では、前の言葉に引っ張られ、後ろの言葉に引っ張られるので、その言葉は常に一つの意味しか持ち得ません。**

私たちの文脈力が衰えたとき、言葉は突然規則性を失って曖昧な、あるいは恣意(しい)的なものとなってしまうのです。

よく政治家や芸能人のインタビューなどで、前後の文脈を無視して、その言葉だけを取り出し、作為的な文脈で語られることがありますが、私たちはそうした言葉の罠(わな)に引っかかってはいけません。

日本語を上手に使いこなし、相手との意思疎通や、人間関係の構築をよりうまく行うためには、文脈力を鍛えなければなりません。

POINT

文脈力も感覚ではなく、言葉の論理的な使い方の一つである。

## すべての言葉はお互いにつながっている

品詞に感動詞というものがあります。感動詞は独立語といわれるもので、「やあ」とか「はい」などがそれです。

わざわざ「感動詞」を独立語としたということは、逆にいうと、他のすべての言葉が他の言葉とつながっているということです。そうした「言葉のつながり」も文脈力の一つなのです。

### 問題 28

次の言葉は、それぞれどの言葉と関係しているのか、答えなさい。

**鮮やかな　海の　青さが　目に　染みた。**

**解説28**

主語が「青さが」で、述語が「染みた」です。

もちろん、過去の助動詞「た」は、動詞「染みる」とつながっています。

「鮮やかな」→「青さが」、「海の」→「青さが」と、「鮮やかな」「海の」はそれぞれ主語の「青さが」を説明する言葉で、「目に」→「染みた」と、「目に」は述語の「染みた」を説明する言葉です。

**答え**

**「鮮やかな」→「青さが」、「海の」→「青さが」、「青さが」→「染みた」、「目に」→「染みた」**

このように、言葉は必ず他の言葉とつながっています。

「主語と述語」「修飾語と被修飾語」「用言（動詞・形容詞・形容動詞）と助動詞」といっ

たように、言葉はルールによって関係づけられているのです。

一つひとつの言葉の意味は、こうした「言葉のつながり」によって、初めて決定されるのです。

それなのに、**こうしたルールを無視して自分勝手に日本語を使っていると、生まれ持った感性がどんどん粗雑になり、私たちは正しい日本語を次第に使いこなせなくなっていきます。**

やがて前後のつながりが曖昧なわかりにくい日本語を使うようになり、その結果、日本語を持てあますという事態が起こってくるのです。

では、「言葉のつながり」を少し練習してみましょう。

**問題 29**

**次の傍線部は、それぞれどの言葉にかかるか答えなさい。**

**1　白い　新しい　車。**

2 すごく　大きな　家。
3 この　難しい　問題。
4 たいへん　難しい　問題。

解説29

1「白い」↓「車」、2「すごく」↓「大きな」、3「この」↓「問題」、4「たいへん」↓「難しい」と、それぞれ言葉がつながっています。

こうした「言葉のつながり」も、文脈の一つなのです。

答え

**1 車　2 大きな　3 問題　4 難しい**

日本語を正確に使うということは、その**ルールに従って使うということです。そしてそれは最も伝わりやすい表現をする、ということと同じ**です。

私たちは日本語の練習問題に触れる機会もなく、なまじっか普段から「なんとなく」日本語を使っているだけに、日本語の持つその規則性、論理性に気がつかずにいます。

日本語について「おかたい日本語ではなく柔らかい表現力を身につけたい」「感性を磨きたい」という相談を受けることがあります。しかし、私たちは感性だけ身につけることはできません。

論理力と感性は、日本語と密接な関係を持っているからです。もっと正確にいうと、**感性とは、正しい日本語の上にしか成り立たない**からです。

だから、日本語を「なんとなく」使っていると、論理力と感性の両方が次第に鈍くなってしまいます。それはじつに恐ろしいことといえます。

しかし、だからこそ一度日本語のルールを徹頭徹尾意識することで、さび付いた論理力や感性を磨くことができるのです。

POINT

**感性と論理力は同時に獲得すべきである。**

# 言葉の「切り方」を間違えると誤解を招く

問題30

次の文を二通りの意味になるように、それぞれ書き直しなさい。

友だちは帰っていなかった。

解説30

言葉は必ず他の言葉とつながっていると説明しましたが、そのつながりを切る方法があります。それが読点です。

問題文では、まだ「友だちが帰らずにそこにいた」のか、「すでに帰ってしまって、もういなかった」のか、どちらでも取れる表現となっています。

そこで、「友だちは帰って、いなかった」と読点で区切ることで、「言葉のつながり」を断ち切り、友だちはすでに帰ってしまって、もういなかったという意味に限定することができます。「友だちは、帰っていなかった」とすると友だちはまだ帰らずにいて、まだいるという意味になります。

「言葉のつながり」を意識せずに、不用意な文章を書いてしまうと、このような誤解を招く「伝わりにくい文章」になります。それは日本語が論理的でないからではなく、言葉のルールを無視して、なんとなく文章を書いてしまったからに他なりません。

答え

**①友だちは、まだ帰らずにいた。（まだいる）**

**②友だちはすでに帰って、いなかった。（もういない）**

POINT

**読点は、言葉のつながりを切る役割がある。**

**問題31**

**次の文章は二通りの意味になります。それぞれどんな意味か、書きなさい。**

**君が好きな僕。**

**解説31**

「君が」を主語とすると、「君が僕を好きだ」という意味になり、「僕」を主語とすると、「僕が君を好きだ」という意味になってしまいます。こうした**曖昧な表現は避けなければいけない**ですね。

**答え**

**①僕が君のことを好きである。　②君が僕のことを好きである。**

**言葉のつながりを意識する。**

## 問題 32

（　）の中の言葉の順番を並べかえて、①〜③がそれぞれ「家」にかかる文を作りなさい。ただし「、」は使わないこと。

（①大きな　②部屋がたくさんある　③窓の美しい）家

## 解説 32

①「大きな」↓②「部屋がたくさんある」とすれば、「大きな部屋」となり、「家に」にかかるという条件を満たすことはできません。あるいは、①「大きな」↓「窓の美しい」としても、「大きな窓」となり、「家」にかかることができません。「家」にかかるには、①「大きな」↓「家」と、「大きな」を最後に持っていくしかないのです。③「窓の美しい」↓②「部屋がたくさんある」とすれば、「窓の美しい部屋」となり、「家」にかかることはありません。

そこで、②「部屋がたくさんある」↓③「窓の美しい」とすれば、②と③は意味がつながらず、その結果、②も③も「家」にかかることができるのです。

②「部屋がたくさんある」→「家」、③「窓の美しい」→「家」、①「大きな」→「家」となります。

このように言葉は他の言葉とつながっているのですが、どの言葉とつながるかは意味が決定するのです。

**答え**

**②→③→①（部屋がたくさんある窓の美しい大きな家）**

## なぜ俳句では「切れ字」が絶妙な効果を生むのか？

言葉のつながりを断ち切ることで、感情を最大限に相手に伝えることに成功し、芸術的な世界を生み出したのが、松尾芭蕉（ばしょう）の俳句です。

問題 33

次の俳句の（　）に、ひらがな一字を入れなさい。

古池（　）
蛙飛び込む
水の音

解説 33

あまりにも有名な芭蕉の句ですから、もうおわかりだと思います。通常の言葉の使い方ならば、「古池の　蛙飛び込む　水の音」となります。

ここでは「古池の」→「蛙」、「蛙」→「飛び込む」、「飛び込む」→「水の音」以外のつながり方はありません。

そうなると、蛙は古池の蛙で、その蛙が飛び込んだから水の音がしたという解釈しか成り立ちません。しかしそれでは単なる情報伝達の文にすぎず、この句はあれほど有名にはならなかったことでしょう。

ところが、芭蕉は「の」ではなく、切れ字の「や」を用いたのです。**その結果、「古池」と「蛙」とはつながりが断ち切れてしまいました。この「蛙」は古池とは関わりを持たない蛙なのです。**

では、この「蛙」はどこにいるのでしょうか?

もちろん、この解釈は読み手に委ねられているのですが、芭蕉の胸の中に住み着いた蛙であるといった解釈が成り立ちます。

芭蕉は旅に疲れ果てて、一人荒れ野に身を横たえます。確かに、そこには古池があり、一匹の蛙が水の中に飛び込みました。いや、芭蕉はその音を聞いただけで、実際には蛙の姿を見ていないのかもしれません。

その瞬間、芭蕉は自分の胸の中に、いつのまにか一匹の蛙が住み着いていたことに気がつきます。そしてその心情を極めて短い日本語で、より大きな印象を与える形で表現したのです。「水の音」は、まるで芭蕉の胸中に静かに広がっていく波紋のようです。

表現とは、表に現すと書きます。

絵画は、心の奥の形のないものに形を与えることによって、誰の目にも見えるものにします。音楽はそれに音を与えることによって、人の心を揺さぶるものにします。

芸術とは、言葉では説明できない深い何かに形や音を与えていく行為ですが、それを形象化といいます。

芭蕉は、胸中の奥深くにある形のない何かに、「蛙」「水の音」と形や音を与えたわけですから、立派な形象化であり、それゆえ芸術だといえるのです。

芭蕉はたった一字、「の」を「や」に変えることによって、単なる情報伝達の文を見事に芸術に変えてしまいました。これこそ日本語の持っている力を利用したのであり、他の言語ではこのような芸術は不可能ではないでしょうか。

芭蕉はこの句の解釈をそっくりそのまま読み手に委ねます。

つまり、この句の解釈は読み手が成熟していることが前提となっているのです。**日本語で文脈力が大切なのは、それだけ私たちが読み手、あるいは聞き手を深く信頼しているから**といえます。

この文脈力が衰えたとき、日本語はその人にとって一気に曖昧なものとなります。伝えたいことが相手に伝わらず、その結果、あなたの信頼が失われることにもなるのです。

答え
や

POINT
芸術は、精神の奥深いものを形象として表現する。
切れ字は、言葉のつながりを切る役割である。

## 目の前の桜をどう表現すると伝わるのか？

「桜」といっても無数の桜が存在します。でも、私たちが表現したいのは、大抵の場合、目の前にあるたった一本の桜です。そんなとき、「桜」という言葉は抽象概念にすぎず、私たちが表現したい個物を何一つ表しているとはいえません。

そこで、「私の家の庭に咲いた桜」と説明することになります。しかし、私の家の庭には複数の桜があるかもしれないので、まだ目の前のたった一本の桜を表現できたとはいえません。

「私の家の庭に咲いた、目の前の桜」

「私の家の庭に咲いた、最も大きい桜」

このようにさらに説明の言葉を加えなければなりません。でも、桜は春夏秋冬と絶えず変化するので、これでもまだ不十分です。

「私の家の庭に咲いた、目の前の、最も大きい満開の桜」と表現して、ようやくある程度の満足を得られるのかもしれません。

このように一文の要点は主語と述語ですが、それらに様々な修飾の言葉がつくのは、私たちが**抽象的な概念では満足できず、絶えずたった一つしかない個物をできるだけ正確に表現したいと願っているから**です。

それゆえ相手に気持ちを伝えるのがうまい人、相手を説得するのがうまい人というのは、修飾の仕方が巧みな人ともいえます。

たとえば、詩人が自分の失恋した悲しみを表現しようとしたとき、ただ「悲しい」では当然詩人としての資質を疑われることになるでしょう。世界に同じ人間が二人といないように、失恋した悲しみはすべて同じではありません。そうしたたった一つの、たった一回限りの失恋の思いを、「悲しい」という人間の最大公約数的な感情表現で飽き足らなくなったとき、詩人は既成の言葉を投げ捨て、自分だけの表現を模索します。その表現は自ずと比喩的なものとなっていきます。

第6章では、擬音語や比喩を使った表現の世界をトレーニングをしていきましょう。

第6章

# 擬音語や比喩で表現の世界を広げる

## 「レトリックの効用」で世界を取り戻せ！

私たちは外界のあらゆるものをいったん言語に置き換え、整理し、その上で感受し、思考しています。ところが、いつのまにかそのことに慣れ、やがては決まり切った言葉の使い方しかしなくなっていきます。花は美しいし、団子は美味しいものと決めつけ、その奥にあるものや微妙な変化に気づこうとはしません。

つまりいつも同じ現象を同じ角度から捉え、同じ表現をしてしまうのです。その結果、世界はすべて消化され、凡庸で退屈なものへと変わっていきます。もはや子供の目で捉えた、あの世界の瑞々しい輝きは色あせてしまいました。

ところが、普段見慣れたものでも、表現の仕方を変えることによって、私たちはそれを別の角度から眺め直すことができます。これが「レトリックの効用」ですが、**言葉によって凡庸で退屈な世界を、かつて子供の目で捉えたような新鮮で、瑞々しい世界へと再構成することができる**のです。

つまり、世界は日本語の使い方次第で絶えず瑞々しく蘇り、私たちは新鮮な世界とじかに接触できるようになります。そのようにして語られる言葉は鮮やかでわかりやすく、自然と説得力を持つために、相手の興味を強く惹きつけます。
これが**言語創造であり、それを可能にするのが日本語の「感性の力」**なのです。

\POINT/

**レトリックによって、世界が瑞々しく再構成される。**

## 形のないものには「オノマトペ」を使え

五感を使った表現方法を今まで学んできましたが、日本語はそれ以上に深い表現を可能にしました。
その一つがオノマトペです。より正確に述べると、オノマトペは次の二つから成り立っています。

擬音語……「ワンワン」「トントン」「バタン」などモノが発する音を表現した言葉

擬態語……「しーん」「ばらばら」「くるくる」など、状態や感情など音を発しないものを表現した言葉

オノマトペの中でも擬音語は日本語で多用されるものの一つです。音によって、言葉では表現できないものを伝える役割を担っています。

■笑っている人を表現するオノマトペ［例］

擬音語

ワッハッハ
くすくす
げらげら
フフフッ
うふふ
きゃっきゃっ
へへへっ

擬態語

ニコニコ
ニヤニヤ
にやり
にんまり

問題34

次の文章を読んで、あとの問いに答えなさい。

間もなく洞穴へ帰って来た子狐(こぎつね)は、

「お母ちゃん、お手々が冷たい、お手々が（　　）する」と言って、濡(ぬ)れて牡丹(ぼたん)色になった両手を母さん狐の前にさしだしました。母さん狐は、その手に、はーっと息をふっかけて、ぬくとい母さんの手でやんわり包んでやりながら、

「もうすぐ暖くなるよ、雪をさわると、すぐ暖くなるもんだよ」といいましたが、かあいい坊やの手に霜焼ができてはかわいそうだから、夜になったら、町まで行って、坊やのお手々にあうような毛糸の手袋を買ってやろうと思いました。

新美南吉「手袋を買いに」

問　（　　）に入る言葉を、次の選択肢から選んで、記号で答えなさい。

ア つんつん　　イ ちんちん　　ウ ぷんぷん

解説 34

さんざん雪の中で遊びまわった子狐が、お母さんが待っている洞穴に帰ってきました。子狐の手はいつのまにか濡れて牡丹色になってしまい、冷たくて仕方がありません。その時の感覚を、新美南吉は「お手々が（　　）する」とオノマトペを使って表現しています。さて、新美南吉はこの時どんなオノマトペを使ったか推測してくださいという問題です。

――子供の時素手で雪遊びをし、その手が真っ赤に腫（は）れ上がったときの痛みを思い起こしてください。しかも、子狐にとって、それは生まれて初めての感覚で、さぞ驚いたことと思います。

一般的には、「つんつん」はつっけんどんな様子、「ぷんぷん」は怒っている様子を表すオノマトペです。

新美南吉は「ちんちん」とオノマトペを使って子狐の手の痛みを表現したのですが、もちろん、人によってはこの言葉の使い方がぴんとこなかったかもしれません。

しかし、「手がちんちんする」といった日本語で、子供の頃初めて雪に触れ、その後手が腫れ上がった痛みを想起することができたなら、あなたの感性は「日本語力」によっていっそう磨かれたことになるのです。

**答え**

**イ**

そこで、また童話を一つ。
宮沢賢治の「よだかの星」です。

**問題35**

次の文章を読んで、あとの問いに答えなさい。

あたりは、もううすくらくなっていました。夜だかは巣から飛び出しました。雲が意地悪く光って、低くたれています。夜だかはまるで雲とすれすれになって、音なく空を飛びまわりました。
それからにわかによだかは口を大きくひらいて、はねをまっすぐに張って、まるで矢のようにそらをよこぎりました。小さな羽虫が幾匹も幾匹もその咽喉(のど)にはいりました。

からだがつちにつくかつかないうちに、よだかはひらりとまたそらへはねあがりました。もう雲は鼠色(ねずみいろ)になり、向こうの山には山焼けの火がまっ赤です。

夜だかが思い切って飛ぶときは、そらがまるで二つに切れたように思われます。一疋(ぴき)の甲虫(かぶとむし)が、夜だかの咽喉にはいって、ひどくもがきました。よだかはすぐそれを呑(の)みこみましたが、その時何だかせなかが（１）したように思いました。

雲はもうまっくろく、東の方だけ山やけの火が赤くうつって、恐ろしいようです。よだかはむねがつかえたように思いながら、またそらへのぼりました。

また一疋の甲虫が、夜だかののどに、はいりました。そしてまるでよだかの咽喉をひっかいてばたばたしました。よだかはそれを無理にのみこんでしまいましたが、その時、急に胸が（２）して、夜だかは大声をあげて泣き出しました。泣きながらぐるぐるぐるぐる空をめぐったのです。

（ああ、かぶとむしや、たくさんの羽虫が、毎晩僕に殺される。そしてそのただ一つの僕がこんどは鷹(たか)に殺される。それがこんなにつらいのだ。ああ、つらい、つらい。僕はもう虫をたべないで餓(う)えて死のう。いやその前にもう鷹が僕を殺すだろう。いや、その前に、僕は遠くの遠くの空の向こうに行ってしまおう。）
山焼けの火は、だんだん水のように流れてひろがり、雲も赤く燃えているようです。

宮沢賢治「よだかの星」

問（1）（2）に入る言葉を、次の選択肢からそれぞれ選んで、記号で答えなさい。

ア かっと　イ どきっと　ウ ちくっと　エ ぞっと　オ きゅっと

解説35

夜だかは、「夜の鷹」と名前は立派ですが、実際には鷹の種族ではなく、しかも、醜い顔をしていました。そのために鷹から殺されようとしています。

その夜だかの気持ちになって、この文章を読んでみてください。
（**1**）・（**2**）ともに、夜だかがもがき苦しんでいる甲虫を飲み込んだときに、突然あることを悟ったのです。それは次の「ああ、かぶとむしや、たくさんの羽虫が、毎晩僕に殺される。そしてそのただ一つの僕がこんどは鷹に殺される。それがこんなにつらいのだ。ああ、つらい、つらい。僕はもう虫をたべないで餓えて死のう。」に示されています。

咽喉に生き物が入り込み、その生き物が必死になってもがいている感触。夜だかは一瞬苦しみながら死んでいく生き物の気持ちを感じ取り、怖くて怖くてもうどうしようもなくなったのでしょう。

従って、**イ**「どきっと」、**エ**「ぞっと」に絞られるのですが、**1**は、「せなか」なので、「ぞっと」する、**2**は「胸」なので、「どきっと」するが答えになります。

**答え**

（1）エ　（2）イ

## リズムを繰り返せば、表現となる

感性ある美しい日本語を身につけるとき、「日本語独特のリズム」に触れるのも有効です。言葉にはリズムがあり、日本語のリズムは当然他の言語のそれとは異なります。

そこで、今度は詩の練習問題を解くことによって、美しい日本語の感性を身につけましょう。

中原中也の登場です。

中原中也を考察するとき、まず頭に浮かぶのは、彼がわずか三十年の人生しか送っていない夭折（ようせつ）の天才詩人だということです。

明治四〇（一九〇七）年に生まれ、昭和一二（一九三七）年に病死。彼が詩人として活動したのは昭和初期で、まさに世は軍国主義へと急速に傾いていった時代でした。そうした暗黒時代に、中也は精一杯自分の生命を燃焼させていきました。

もう一つ、中也の人生で特記すべきことは、小林秀雄との複雑な交際です。小林秀雄はのちに近代批評を代表する巨星となるわけですが、中也を誰よりも深く理解したのが小林秀雄だったといわれています。

中也が一六歳、立命館中学の時（一九二三年）、劇団表現座の女優であった長谷川泰子と出会い、翌年より同棲します。小林秀雄と出会ったのは一九二五年、小林秀雄は一九〇二年生まれ、中也よりも五歳年上ですが、まさに文学史上の二人のスターが邂逅（かいこう）したといった感じです。

二人は互いに刺激し合い、魂の深い部分で交流したといわれています。ところが、同年一一月、小林秀雄は中也の同棲相手であった長谷川泰子を奪い取り、さっさと彼女と同棲してしまうのです。

中也がひどく傷ついたことはいうまでもありません。長谷川泰子に失恋しただけでなく、魂の交流し合った親友に裏切られたわけですから。

小林は冷酷にもその後長谷川泰子を捨て去ります。だが、中也と小林秀雄との交際はその後も続き、死の直前、中也は「在りし日の歌」の原稿を、小林秀雄に託しています。自分の詩を最も深く理解してくれているのが小林秀雄だと信じていたからでしょう。

ではいよいよ、中原中也の詩を見ていきたいと思います。「日本語独特のリズム」に加えて、色彩感覚が見事に表現された名作です。

問題36

次の詩を読んで、あとの問いに答えなさい。

幾時代かがありまして
（　　）戦争ありました
幾時代かがありまして
冬は疾風吹きました
幾時代かがありまして
今夜此処(ここ)でのひと盛り
今夜此処でのひと盛り

中原中也「サーカス」

問　（　　）に入る言葉を、次から選んで答えなさい。

ア赤色の　イ黄色い　ウ茶色い　エ白色の　オ黒色の

解説36

「幾時代かがありまして」が、三回繰り返されています。そこから、長い人間の歴史の繰り返しが想起されます。しかも、その歴史は「戦争」の歴史であり、「冬は疾風吹きました」から、多くのつらい出来事が過ぎ去っていったことが分かります。

ところが、第三連になると、「今夜此処でのひと盛り」とあるので、今、詩人はちょっとの間であっても、一息つこうとしているのです。あるいは酒を飲もうとしているのかもしれません。

中也が生きたのは昭和初期、まさに軍国主義が到来している時代です。

中也自身の人生も苦難に満ちたものだったし、悲惨な戦争を繰り返してきた日本の歴史も冬の時代といっていいかもしれません。

そして、詩人は今ほんの少しの間だけそうした緊張状態から逃げ出そうとしています。その時、あの悲惨な戦争はセピア色した古い写真のように、現実感のないものに思えたのでしょう（外では軍国主義の靴音が鳴り響いているのです）。
そういった戦争のイメージから、古めかしい、「茶色い」戦争が答えです。「赤色」は血のイメージ、「黒色」は絶望のイメージで、決して間違いではありませんが、この戦争はすでに過ぎ去ったものなので、セピア色に近い茶色が最もふさわしいでしょう。

答え　ウ

詩は人によって様々な解釈が可能です。ましてや中原中也の詩は、非常にイメージを喚起させる力を持っているので、それだけ人によって受け取り方が異なってくると思います。私の解釈もその一つであって、絶対的な答えが一つ決められているわけではありません。しかも、ここは感性を磨くトレーニングの場、そのことを踏まえて問題を考えてください。

さて、続きを読んでいきましょう。

**中也の詩は独特のリズムを持っていますので、できたら音読してほしい**と思います。第4章で五感を使った表現はより相手に鮮明なイメージを伝えることができるとお話ししましたが、自分が受け手になったときも同様で、五感を用いて相手の言葉に触れることで、より相手の意図を深く正確に読み取れるようになります。

「幾時代かがありまして」のリフレインにより、絶え間なく打ち寄せる苦難の時がイメージできるのですが、今は「ひと盛り」。だから、戦争も「茶色い戦争」となったのですが、では、詩人は今どこにいるのかが、次に明かされます。

サーカス小屋は高い梁(はり)
　そこに一つのブランコだ
見えるともないブランコだ

頭倒(さか)さに手を垂れて
　汚れ木綿の屋根のもと
ゆあーん　ゆよーん　ゆやゆよん

詩人は今サーカス小屋にいます。サーカスは当時娯楽の王様のようなものだったのですが、「見えるともないブランコ」とあるので、現実のブランコではなく、詩人の心象風景かもしれません。

さて、「ゆあーん　ゆよーん　ゆやゆよん」という擬音語をどのように感じましたか？

もちろん、直接的にはサーカス小屋でのブランコの揺れる音です。「頭倒さに手を垂れて」とあるので、曲芸師がブランコに逆さになって揺らしているのがわかります。その時、曲芸師の目に映ったのは安っぽい「汚れ木綿の屋根」だったのです。

とても大勢の観客の拍手喝采の中で演技している時のブランコの揺れる音には思えません。外では戦争の足音が近づいているのですから。

## 問題37

次の詩の続きを読み、あとの問いに答えなさい。

それの近くの白い灯が
　安値（やす）いリボンと息を吐き

観客様は皆（　　）
　咽喉（のんど）が鳴ります牡蠣殻（かきがら）と

ゆあーん　ゆよーん　ゆやゆよん

　屋外は真っ闇（くら）　闇（くら）の闇（くら）
　夜は劫劫（こうこう）と更けまする
　落下傘（らっかがさ）奴（め）のノスタルヂアと
ゆあーん　ゆよーん　ゆやゆよん

中原中也「サーカス」

問　（　　）に入る言葉を、次の選択肢から選んで、記号で答えなさい。

ア　鰯（いわし）　イ　鮒　ウ　鯉　エ　蛸

解説 37

詩人の心象風景は続きます。サーカス小屋の中央に揺れるブランコを、安いリボンのような白い灯りが照らし出します。

空中ブランコを観客が見ているのですが、中也は詩の中で観客を（　　）にたとえているのです。直前の「汚れ木綿」、さらには直後に観客の歓声を「咽喉が鳴ります牡蠣殻と」と表現していることから、戦争が迫り来る現実から逃避し、しばし非日常の中で思考停止状態のままだみ声を上げている観客を「鰯」にたとえたのです（もちろん鰯にたとえたのは中也の感覚にすぎません）。

答え

ア

それを受けて、また詩人の胸の中でブランコの揺れる「ゆあーん　ゆよーん　ゆやゆよん」といったオノマトペが繰り返されます。

そして、最後の連は一転サーカス小屋の外の世界です。外では劫劫（永遠）と続くような暗闇。

「落下傘」とはパラシュートのことで戦争の象徴でもあり、もちろんサーカス小屋の形でもあります。

サーカス小屋では手に汗握るショーが行われ、観客は無邪気に喝采しているのですが、それらはすべて小屋の外の闇の中で相対化されてしまいます。

そして、すべては「ゆあーん　ゆよーん　ゆやゆよん」といった音に収斂（しゅうれん）されていくのです。

中也の「サーカス」という詩は、「幾時代かがありまして」というリフレインから始まり、後半は「ゆあーん　ゆよーん　ゆやゆよん」といった音の繰り返しが全体のイメージを支配していきます。こう考えると、「言葉のリズム」には私たちが考えている以上に、言葉にならないものを表現する力があると思わずにはいられません。

POINT

**擬音語によるリズムで、言葉で表せないものの表現が可能。**

改めて中原中也の詩で、オノマトペを使った表現のトレーニングをしましょう。

**問題38**

**次の詩を読んで、あとの問いに答えなさい。**

**秋の夜は、はるかの彼方（かなた）に、**
**小石ばかりの、河原があつて、**

それに陽は、さらさらと
さらさらと射してゐるのでありました。

陽といつても、まるで硅石（けいせき）か何かのやうで、
非常な個体の粉末のやうで、
さればこそ、さらさらと
かすかな音を立ててもゐるのでした。

さて小石の上に、今しも一つの蝶がとまり、
淡い、それでゐてくつきりとした
影を落としてゐるのでした。

やがてその蝶がみえなくなると、いつのまにか、
今迄流れてもゐなかつた川床に、（　）は
さらさらと、さらさらと流れてゐるのでありました……

中原中也「一つのメルヘン」

**問　詩の中の（　　）に入るものを、次の選択肢から選んで、記号で答えなさい。**

ア水　イ蝶　ウ陽　エ小石

**解説 38**

詩全体が一つのストーリーを持っています。

第一連では、小石ばかりの河原が提示されます。その河原は小石ばかりなので、すべてが無機質で生命の影一つありません。だから、陽も「さらさらと／さらさらと」と射しています。

このように**中也の詩は「音」を見事に生かしたものが多く、その音楽性が詩のリズムを作っているの**です。

太陽の光は普通「きらきらと」といったオノマトペで表現されることが多く、「さらさらと」陽が差し込むことはありません。ところが、第二連になると、その理由がそっと明かされます。

太陽の陽だといっても、実は「個体の粉末」のようなものだというのです。だから、「さらさらと」流れていくのです。

この「さらさらと」といった音が、この詩の主役なのです。

第三連になると、一匹の蝶が小石の上に止まるのですが、この蝶がすべて無機質であったこの川床に命の灯をともしました。

最終連では、川床で（　）が「さらさらと」流れ出すのですが、もちろん流れ出すのは「水」です。今まで生命の影も形もなかった川が、蝶が消え去った後、水が「さらさらと」流れ出したのです。

この時、第一連の「さらさらと」は陽の光だったのですが、ここでは水の流れを表す音へと変わっています。

答え

ア

問題39

次の文章を読んで、あとの問いに答えなさい。

見わたすと、その檸檬（れもん）の色彩はガチャガチャした色の階調をひっそりと紡錘形の身体の中へ吸収してしまって、（　　）と冴（さ）えかえっていた。私には埃（ほこり）っぽい丸善の中の空気が、その檸檬の周囲だけ変に緊張しているような気がした。私はしばらくそれを眺めていた。

不意に第二のアイディアが起こった。その奇妙なたくらみはむしろ私をぎょっとさせた。

――それをそのままにしておいて私は、なに喰（く）わぬ顔をして外へ出る。――

私は変にくすぐったい気持がした。「出て行こうかなあ。そうだ出て行こう」そして私はすたすた出て行った。

変にくすぐったい気持が街の上の私を微笑ませた。丸善の棚へ黄金色に輝く恐ろしい爆弾を仕掛けて来た奇怪な悪漢が私で、もう十分後にはあの丸善が美術の棚を中心として大爆発をするのだったらどんなにおもしろいだろう。

私はこの想像を熱心に追求した。「そうしたらあの気詰まりな丸善も粉葉みじんだろう」

そして私は活動写真の看板画が奇体な趣きで街を彩っている京極を下って行った。

梶井基次郎「檸檬」

問（　）に入る言葉を、次から選んで答えなさい。

キューン　キーン　カーン　ピョン　ポン

## 解説39

檸檬の色彩がガチャガチャした画集の色の階調を吸い込んで、冴えかえっています。その時の様子をオノマトペを使って表現する問題です。もちろん、人によってその感覚はまちまちですが、梶井ならばどのようなオノマトペを使うかを推測することで、梶井の感性を自分のものにしてしまいましょう。

檸檬の色彩は周囲のガチャガチャした色彩を吸収し、冴え渡っています。紡錘形の実がぎゅっと引き締まり、積み上げられた画集の上にひっそりと立っています。「キューン」「ピョン」「ポン」は引き締まった様子の表現としては明らかに不適切です。あとは「キーン」と「カーン」ですが、梶井は空気が緊張している様子も含めて、それを「カーン」と表現したのです。

**カーン**

**作者がどのようなオノマトペを使用したかと推測することで、作者の感性を自分のものにせよ。**

## 比喩表現の新鮮さを取り戻す

**人間の最も高度な表現方法の一つに、比喩(ひゆ)があります。**言葉は本来概念であり、人間の最大公約数的なものを表しています。

しかしそれでは物足りないと感じたとき、私たちは自分だけの表現を模索するのですが、当然それは最大公約数的ではない表現、つまり比喩的な表現にならざるを得ません。

それゆえ、私たちの感性をさらに高度なものへと磨き上げるためには、比喩は格好の練習問題となるのです。

再び新美南吉の「手袋を買いに」から。

問題
40

次の文章を読み、あとの問いに答えなさい。

子供の狐は遊びに行きました。真綿のように柔かい雪の上を駈け廻ると、雪の粉が、しぶきのように飛び散って小さい虹がすっと映るのでした。

するとと突然、うしろで、

「どたどた、ざーっ」と物凄い音がして、パン粉のような粉雪が、ふわーっと子狐におっかぶさって来ました。子狐はびっくりして、雪の中にころがるようにして十メートルも向こうへ逃げました。何だろうと思ってふり返って見ましたが何もいませんでした。それはもみの枝から雪がなだれ落ちたのでした。まだ枝と枝の間から白い（　　）のように雪がこぼれていました。

新美南吉「手袋を買いに」

問　（　　）には漢字二字の言葉が入ります。次の選択肢の漢字を組み合わせて答えなさい。

糸豆木腐川雪絹

解説 40

生まれて初めて雪を見た子狐の視点で世界を捉え直してみましょう。しかも、人間が足を踏み入れることのない森の中、雪は真っ白な新雪です。

子狐が生まれて初めて足の肉球で触れた雪の感触は「真綿のよう」でした。子狐がはしゃいで雪の上を駆けまわると、「雪の粉が、しぶきのように飛び散っ」たのです。その時、「小さい虹がすっと映るのでした」と表現されています。おそらく木々の隙間から朝の光が斜めに差し込んできたのでしょう。

夢中で遊んでいる子狐は「どたどた、ざーっ」といった物凄い音に驚きます。私たちとは異なり、野生の狐は絶えず何者かに襲われる可能性に、いつも全身の神経を研ぎ澄ましているのでしょう。木の枝に積もった雪がついにこぼれ落ちてきたのですが、物凄い音に反して、柔らかい雪はふわっと子狐に被(かぶ)さってきます。

その時の雪は、「パン粉のような粉雪」だったのです。

こうした**比喩の一つひとつが、日本語の持つ力に支えられています**。子狐は驚いて、十メートルも向こうへころがるように逃げていきました。

設問は、木の枝と枝の間から雪がどのようにこぼれ落ちたのか、子狐の視点から表現してみてくださいというものです。

子狐が雪をどのように捉えているかは、すでに冒頭で「真綿のように柔かい雪」と表現されています。雪が「真綿」ならば、木の枝と枝の間から落ちる雪も「真綿」と似たものでなくてはなりません。

では、設問での表現は「真綿」とどこが異なるのか？

「真綿」は一面地面の上に積もった雪です。それに対して、木と木の間からこぼれ落ちる雪はまだ地面に触れたことのないより純白な雪で、しかも、落ちていくといった動きをたとえたものでなければなりません。

それを新美南吉は「絹糸」にたとえたのです。

## 答え 絹糸

上からまっすぐに降りていく白くて細い一本の絹の糸。この「糸」というたとえは一見平凡に見えて、じつに新鮮な日本語の使い方ではないでしょうか。

平凡に思えたのは、「雪」を「綿」「絹」「糸」と表現すること自体、日本語ではありふれたことだからです。でも、それは**冬になると雪に閉ざされた土地で長年にわたって培われた表現であって、だからこそ、その日本語は力を持っている**のです。私たち日本人はそうした言葉ですぐに美しい雪景色を想起することができます。

しかし、生まれて初めて雪を見る子狐が物凄い音に驚き振り返ったとき、木の枝と枝との間から一筋の純白の雪が落ちてきた、その瞬間を新美南吉が「絹糸」にたとえたことは決して平凡な表現ではありません。そして、その比喩はじつに大きなイメージと説得力を持って私たちの目と耳に飛び込んできます。だからこそ、この表現が「ありふれた」、優れた表現として定着したのでしょう。

この時、新美南吉の感覚は感性へと言葉の力によって昇華しているのです。

\POINT/

長年培われた表現には、イメージを想起させる力を持っている。

問題41

次は中原中也の詩です。これを読んで、あとの問いに答えなさい。

ホラホラ、これが僕の（　）だ、
生きてゐた時の苦労にみちた
あのけがらはしい肉を破つて、
しらじらと雨に洗はれ、
ヌツクと出た、（　）の尖（さき）。

それは光沢もない、
ただいたづらにしらじらと、

雨を吸収する、
風に吹かれる、
幾分空を反映する。

生きてゐた時に、
これが食堂の雑踏の中に、
坐(すわ)つてゐたこともある、
みつばのおしたしを食つたこともある、
と思へばなんとも可笑(おか)しい。

ホラホラ、これが僕の（　　）——
見てゐるのは僕？　可笑しなことだ。
霊魂はあとに残つて、
また（　　）の処(ところ)にやつて来て、
見てゐるのかしら？

故郷(ふるさと)の小川のへりに、
半ばは枯れた草に立つて、
見てゐるのは、——僕？
恰度(ちやうど)立札ほどの高さに、
（　）はしらじらととんがつてゐる。

中原中也「（答えと同じ）」

問　（　）にはすべて同じ漢字一字の言葉が入ります。またその言葉はこの詩のタイトルにもなっています。その言葉を、次の選択肢から選んで、記号で答えなさい。

ア肉　イ雨　ウ骨　エ霊　オ空

解説 41

おそらく中也にとって、生きることのすべてが苦痛で仕方がなかったのではないでしょうか。

まさに喘ぎ喘ぎながら必死で生きてきたのです。

ところが、そうした自分も生きている肉体があってこその話で、死んで骨となった自分が、肉体を持った自分を第三者として眺めたとき、あれほどもがき苦しんだことすべてがなんとも滑稽に見えてきたのです。

「ホラホラ、これが僕の骨」

この言葉の持つリズムが、なんともいえない力を持っているのをひしひしと感じます。

**比喩によって新しく表現するとは、同じ世界でもそれを別の角度から眺めるということに他なりません。角度が変われば、その世界でも新たな様相を見せ始めます。**

比喩は単なる飾りではなく、言葉によって世界を再構成することです。その結果、私たちは絶えず瑞々しい世界を体験することができるのです。

答え

ウ

POINT

比喩は単なる飾りではなく、同じ現象を角度を変えて捉え直す技術である。

# 第7章 論理で頭の中を整理せよ

# 話の内容が「イコール」「対立」「因果」のどれかを意識する

今度は論理の力を磨いていきましょう。

筆者は不特定多数の読み手に対して文章を書きます。もちろん相手が誰だかわかりませんので、表情やジェスチャーは使えないし、感覚も通用しなければ、相手が察してくれることもありません。

そんな他者に対して、わざわざ**文章を書くのは、どうしても伝えたいことがあるから**です。それが「筆者の主張」ですが、筆者はそれを不特定多数の他者に伝えたいという願いを持っています。そこで筋道を立てて説明しようとするのです。その筋道の立て方が論理なのです。

逆に、私たちは筆者の立てた筋道を読み取り、「筆者の主張」をつかまなければなりません。読み手の中には、筆者とは異なる考えを持っている人もいます。

**誰もが同じ考えなら、筆者はわざわざ自分の主張を活字にして、訴える必要などどこにもないから**です。だから、証拠となる具体例を挙げたり、身近なエピソードを紹介したり、同じ意見の箇所を引用したりします。これが**「イコールの関係」**なのです。

また当然筆者の考えと反対の人もいるので、筆者は絶えず反対意見を脳裏において、論を進めていきます。そこで**「対立関係」**が重要になってきます。

このように筆者は自分の主張を不特定多数に伝えるために、「イコールの関係」「対立関係」といった論理を駆使していくのです。

**問題 42**

**次の文章を三十字以内でまとめなさい。**

**3・11以後権力者側にとって不利な情報が隠蔽される可能性があることが明らかになった現在においてあくまで正しい情報を元に有権者が正しい判断を下すという民主主義はそもそもその前提条件が崩された以上成立しがたいということができる。**

私たちは難解な文章を読むことを余儀なくされることがしばしばあります。その際、眼は書かれている言葉を並列的に追っていきがちですが、すでに説明したように**文章は要点となる大切な箇所と、それを説明する飾りの部分とで成り立っています。**

言葉を並列的に読むとき、私たちは文字数が多ければ多いほど膨大な情報が頭に流れ込み、それらの関係を理解するのに戸惑ってしまいます。

ところが、文章の要点に着目する読み方であると、文字数が多ければ多いほど、その要点はより確かなものとなって、作者の主張が明確になってくるものです。

作者が不特定多数の読者に向かって伝えたい主張があるなら、それを論理的に説明しなければなりません。たとえば**自分の主張を裏付ける具体例を挙げたとき、作者の主張と具体例との間には「イコールの関係」が成り立ちます。**

もし、作者が証拠となる話を、次から次へと挙げたとしましょう。その時、あなたが並列的な読み方をしていたなら、作者が証拠を多く挙げるたびに新たな情報で頭の中がゴチャゴチャになってしまうかもしれません。

でも、論理を意識したなら、具体例を多く挙げれば挙げるほど、すべては作者の主張の証拠に過ぎないのですから、よりその主張が明確になって、頭の中はいつもすっきりとします。そうした頭の状態を明晰というのですが、頭の中はいつでも明晰な状態を保っていたいものです。

この時、作者の主張が要点、具体例が主張を説明するための飾りの部分といえるでしょう。

POINT

**筆者の主張は要点、具体例などは飾りの部分と意識すること。**

解説42

**一文の要点は、基本的には主語と述語**だと思っても差し支えありません。日本語の場合、**主語は省略されることが多いので、まずは述語をつかまえます。**この例文の述語は「成立しがたい」。それに対して何が成立しがたいかというと「民主主義」が主語だとわかります。

この複雑な一文は、結局「民主主義は成立しがたい」が要点となるのです。これを仮に（B）としましょう。

「あくまで正しい情報を元に有権者が正しい判断を下す」は「民主主義」を飾っている言葉に過ぎないし、「そもそもその前提条件が崩された以上」は「成立しがたい」を飾った言葉に過ぎません。

　残った言葉は、「3・11以後権力者側にとって不利な情報が隠蔽される可能性があることが明らかになった現在において」で、この文章の要点は、「権力者側に不利な情報が隠蔽される可能性がある」ということ。これを仮に（A）とします。

　次に、（A）と（B）との論理的関係を考えます。といっても、**まずは「イコールの関係」「対立関係」「因果関係」のどれかを頭に置いてください。**
（A）「情報が隠蔽」→［だから］→（B）「民主主義が成立しない」といった「因果関係」が成り立っていることがわかります。そこで、「（A）権力者側に不利な情報が隠蔽される可能性がある」以上、「（B）民主主義は成立しがたい」とまとめることができます。

　あとは三十字以内になるように、全体を整理していけば答えとなります。

答え

**正しい情報が開示されない以上、民主主義は成立が困難である。**

## 飾り部分に惑わされず、要点のみ抜き取る

文章を読むにあたって、**どの言葉も同じ比重だという並列的な読み方と、文章の中の要点をつかみ取り、あとは飾りに過ぎないといった読み方とは、頭の使い方が決定的に異なります。**

まずは文章の要点を取り出し、次にその要点と要点との論理的関係を考えます。問題42は「正しい情報が開示されない」→「だから」→「民主主義の成立は困難」という因果関係でした。

どうでしょうか？

こうした作業において、日常ではあまり経験しない言葉の論理的な使い方をトレーニングしたことになりませんか？

問題
43

次の文章を四十字以内でまとめなさい。

(1) 子供の教育を考える時、今の時代ではなく、子供たちが社会で活躍する頃にはどのような世の中になり、そのためには幼・児童期にはどのような学力をどのような方法で身につけさせるのか、そうした視点を欠かすことができないということです。子供たちは未来に向かって成長していくのですから、私たちも当然未来に対する見通しを持たなくてはなりません。

(2) 歴史を考える時、安定期と激動期が交互に繰り返されていることがわかります。たとえば、平安時代や江戸時代は安定期、それに対して、平安末期、戦国時代、幕末は激動期といえるでしょう。安定期では今までと同じことを繰り返したほうが成功の確率が高いのに対して、激動期では方法を変えない限り、時代に取り残されて、失敗してしまうことになります。

(3) 私たちは今、第四次産業革命を迎えようとしています。AIやロボットによる社会構造の根本的変化により、今まで誰も見たことのない世界が現出するのです。幼・児童期の子供たちが大学を受験する頃、あるいは社会で活躍する頃はまさに激動期の真最中で、既成の価値観や常識がことごとく通用しなくなっているのです。新しい時代に適応するために、当然教育も抜本的に変えなければいけません。

**解説 43**

文の要点を読み取りましょう。(1)では「子供の教育」という話題が提示されています。子供の教育は未来への見通しが必要とあります。

(2)では、歴史的に見ると、激動期はやり方を変えないと失敗するとあります。(1)と(2)から、子供の未来は安定期か、激動期かが焦点となります。そこで、(3)を見ると、今は第四次産業革命という激動期なので、教育も変える必要があるというのが結論となっています。

このように文章の要点を読み取って、それらの論理的関係を考えます。

答え

**子供が社会で活躍する頃は激動期にあたるので、教育を変える必要がある。**

**要点を抜き取り、論理の順番で組み立てよ。**

私たちは日々膨大な情報を目にしているのですが、これらの**要点を明確に読み取ることと、それらの論理的関係を理解することで、その情報を消化することができる**のです。その結果、それは自分の中で整理できているので、ストックとして蓄積できるし、いつでも取り出し、人に論理的に説明ができるようになります。

①要点を読み取ること。

②それらの論理的関係を考えること。

この二点を意識して、問題を解いていきましょう。

問題44

次の文章を読んで、あとの問いに答えなさい。

メディアが流す情報は断片的である。たとえば、卒業式で一部の高校生が不謹慎な態度を取っていたとする。テレビカメラはその高校生だけを映し出し、他の大多数の真面目な生徒を映し出さなかったとしたら、「荒れた学校だ」「近頃の若者は」といった世論を作り出すことになる。ほんの一部の映像がメディアに流れることによって、全体の話へとすり替えられてしまうのだ。

テレビ番組で通行人を呼び止めて、インタビューをする場面を目にすることがある。大抵の場合、番組の側であらかじめシナリオができていることが多い。大勢のインタビューをそのまま流すのではなく、すでに決められたシナリオに都合のいいものだけを流すのである。番組に流れるインタビューはほんの一部の意見に過ぎないのに、それを見ている私たちはそれが世間一般の考えであるかのように錯覚する。いや、番組自体がそう錯覚するように作られているのである。

それ故、私たちは報道される情報だけではなく、その背後にある見えない情報にこそ注意を注がなければならない。

問一　ここではどんなメディアリテラシーが必要なのか、二十五字以内でまとめなさい。

問二　問一のメディアリテラシーがなぜ必要なのか、その理由を二十字以内で答えなさい。

解説 44

この程度の文章ならば、瞬間的に要点とその論理的関係を読み取らなければなりません。冒頭で「メディアの流す情報は断片的である」（A）とあり、次に「たとえば」とあるので、冒頭（A）が「筆者の主張＝要点」であり、次がそれを裏付ける具体例であると瞬時にわかります。

次の段落もテレビ番組のインタビューの具体例で、これも主張（A）を裏付ける飾りの箇所なのです。

そして、最後の段落で因果関係を表す「それ故」が使われています。結論は「背後にある見えない情報にこそ注意を注がなければならない」（B）で、（A）↓［だから］↓（B）という因果関係が成り立ちます。

**問一**は、結論なので（B）をまとめます。**問二**は、その理由なので（A）をまとめます。

**答え**

**問一**　報道される情報の背後にまで目を向けるべきである。

**問二**　メディアの流す情報は断片的であるから。

**問題45**

次の文章を読んで、あとの問いに答えなさい。

(1)　1990年にイラクがクウェートへ侵攻したことに端を発して、アメリカを中心とした多国籍軍がイラクを攻撃したのが、湾岸戦争の始まりである。その最中、衝撃的な写真が新聞やテレビで世界中を駆け巡った。原油の海と化した海岸の波打ち際に、油にまみれた水鳥が呆然と立ちすくんでいたのだ。アメリカはそれをイラクによる原油の放出作戦だと発表し、メディアもそのように報道した。その結果、世界中の人々に、サダム・フセイン＝「悪の独裁者」のイメージが定着した。だが、後に原油の流出はアメリカの爆撃が原因だと判明した。つまり、メディアはそれを検証することなく垂れ流したのだった。

(2) 湾岸戦争後、アメリカが再びイラクを攻撃したのが2003年に始まったイラク戦争である。その口実が「大量破壊兵器の存在」である。フセインは何度もそれを否定したが、フセインを倒さなければ世界の安全が脅かされると世界中の人が思いこんでしまった。フセインは世界の敵とされ、イラク戦争後に大量虐殺の罪で死刑に処されたのである。しかし、その後、当時のアメリカのパウエル国務長官が「イラクには大量破壊兵器はなかった」と断言した。

(3) この二つの例でわかるように、メディアは権力者からの情報を検証もなしに垂れ流し、それが誤報であったとしても何も責任を取ろうとしない。たとえ数多くの命が理由もなく奪われたとしてもである。

(4)　もう一つ忘れてはいけないことがある。たとえ嘘であっても、いったん作られたイメージを覆すことはそう簡単ではないということだ。事実、サダム・フセインのイメージはいまだに「悪の独裁者」のままである。

問一　イラク戦争で、アメリカがイラクを攻撃した口実は何か、十字以内で抜き出しなさい。

問二　メディアの問題点を二つ。それぞれで答えなさい。

問三　問題文中の二つの例から、メディアに対する私たちの側の問題点を三十五字以内で答えなさい。

## 解説45

**論理的な文章である限り、冒頭は筆者の主張から始まるか、具体例などから始まるか、そのどちらかから始めることが多い**のです。(1)が湾岸戦争の例、(2)がイラク戦争の例ですから、具体例から始まった文章だとわかります。その時は、**どこで「筆者の**

**主張」がくるかを頭に置いて読んでいきましょう。**もちろん、「具体例」＝「筆者の主張」という「イコールの関係」が成り立ちます。

⑶で「メディアは権力者からの情報を検証もなしに垂れ流し、それが誤報であったとしても何も責任を取ろうとしない」とあることから、これが「筆者の主張」。

**「具体例」→「筆者の主張」という論理展開**です。

さらに⑷で「もう一つ忘れてはいけないことがある」とあるので、筆者にはもう一つ主張したいことがあるとわかります。「いったん作られたイメージを覆すことはそう簡単ではない」がそれで、その後のサダム・フセインのイメージがいまだに独裁者のままだという事実は、その具体例なのです。

設問は文章の要点を読み取ったか、その論理的関係を理解しているのかを試すものなので、自ずと答えが出てきます。

**問一**　⑵で、その口実が「大量破壊兵器の存在」とあります。

**問二**　⑶の筆者の主張「メディアは権力者からの情報を検証もなしに垂れ流し、それが誤報であったとしても何も責任を取ろうとしない」が該当箇所ですが、これらを二点に分けて整理します。

**問三**「私たちの側の問題点」は、もう一つの主張にあたるので、(4)の「たとえ嘘であっても、いったん作られたイメージを覆すことはそう簡単ではない」を字数以内にまとめます。

**答え**

**問一　大量破壊兵器の存在**

**問二　権力者からの情報を検証もなしに垂れ流すこと。誤報を流しても責任を取ろうとしないこと。**

**問三　いったんメディアによって作られたイメージは簡単には覆らないこと。**

最後は今までの総合問題です。「イコールの関係」「対立関係」「因果関係」を意識して読みましょう。

## ■「イコール」「対立」「因果」を常に意識する

**○イコールの関係**

**筆者の主張（抽象）＝具体例・体験など（具体）**

「すべての人間は死ぬ」＝ 祖父母や友人の父母も亡くなっている。200年前に暮らしていた人々も誰一人生きていない。

**○対立の関係**

**対比させる**

大人は新しい本を読む ⟷ 子供は気に入った本を何度も読み返す
図書館で借りて読む ⟷ 新刊を書店で購入して読む
教室で音読する ⟷ 電車で黙読する

※対比以外に、自分の意見の正しさを証明するために対立する意見を持ち出すことが多い（もちろん否定するため）。

※ビジネスシーンなどで、弁証法（アウフヘーベン）を使うことがある。対立する２つの意見がある場合、２者択一や○×ではなく、第３の意見へ進める方法。

①意見Ａの提示
②Ａに対立する意見Ｂの提示
③意見ＡとＢを統合して意見Ｃを導く

**○因果の関係**

Ａ　→［だから］→　Ｂ

雨が降ってきた　→［だから］→　傘をさした
雨が降ってきた　→［だから］→　来客数が減る
雨が降ってきた　→［だから］→　洗濯物を取り込んだ

問題46

次の文章を読んで、あとの問いに答えなさい。

仕事の対義語は遊びである。仕事が何かを生産したり、経済的利益を得たりするのに対して、遊びは利潤を追求するものではない。遊びが利潤を追求したとたん、それは仕事になってしまうからである。

仕事は有効かどうかが大切であり、効率が重要視される。時には嫌なことでも我慢しなければならず、あるいは何かを強制されることが多い。その意味では不自由だといえる。また仕事は未来に指向する。未来の成功のために、今努力をするのである。

それに対して、遊びは自由である。面白いから遊ぶのであり、（　1　）面白くなければ、その遊びを中止するか、別の遊びを考え出すしかない。もちろん、遊びは現在がすべてであり、将来について心配する必要などない。

本来人間は自由であったはずだ。（　2　）、将来の蓄えのために、働くことを余儀なくされるようになった。（　3　）、仕事は時には人間を束縛し、不自由をになった。

強制する。そこで、私たちは人間性を回復させるために、遊びを必要とするようになった。

そもそも遊びとは何だったのか?

ギリシア時代には、労働は奴隷の仕事であった。市民は生涯遊んでいればよかったのである。といっても、今のようにテレビも漫画もゲームもない。彼らにとっての遊びは政治であり、哲学であり、文学であり、音楽であった。彼らは生涯遊び尽くさなければならず、そのため哲学も文学も、（　4　）学問も高度なものに発達した。彼らにとってそういった学問・芸術こそ遊びであったのだ。

日本で遊びが高度に発達したのは、平安時代の後宮であっただろう。后や女房たちは家事をする必要などなく、ひたすら遊んでいればよかったのである。だから、古語における「遊び」は音楽のことを意味し、そういった状況のなかで、あの源氏物語や枕草子や数々の和歌が生まれていったのだ。

勉強こそ、本来は仕事だった。面白いから勉強をしたのである。（　5　）、若い諸君らは生涯勉強という遊びを楽しむことができるように、今本当の勉強の仕方を学ばなければならない。

　ところが、成績を上げるために、受験のために、今努力をしなければならないと思った瞬間、本来遊びであった勉強が一転仕事へと変貌する。仕事は不自由であり、強制であり、効率と有効性、そしていかに偏差値が上がったかという結果だけが問われることになる。そして、過度に勉強すると、人間性が阻害される危険性を指摘する意見もあるのだ。
　だから、（　　　　　　　　　　　　　　　　　　）。

問一　問題文を三つの段落に分け、第二・三段落の最初の七字（句読点を含む）を抜き出しなさい。

問二　問題文の中で、一カ所「遊び」と書くところを、間違って「仕事」と書いてしまいました。その箇所を含む一文を抜き出しなさい。

問三　（１）～（５）に入る言葉を次の選択肢から選び、それぞれ記号で答えなさい。

アそして　イだが　ウだから　エその結果　オもし

**問四**　（　　　）に入る一文を、次の選択肢から選び、記号で答えなさい。

ア　若者よ、今こそ勉強を楽しめ。
イ　若者よ、勉強の意味を考えよ。
ウ　若者よ、勉強と遊びとの違いを考えよ。
エ　若者よ、将来のために勉強せよ。

**解説 46**

これも文章を論理的に読んだかどうかを試す問題です。

**問一**　段落分けも、文章の論理展開から考えます。

第一段落は、「遊び」と「仕事」が対立関係として述べられています。「遊び」は自由であり、非生産的であり、現在思考であるのに対して、「仕事」は生産的であるが、不自由であり、未来志向であると、両者を比較しています。

第二段落では、「そもそも遊びとは何だったのか」から、本来の遊びとは学問や芸術であったと、定義しています。

第三段落では、今や本来の遊びであるはずの勉強が仕事に変わってしまった結果、不自由であり、強制されるものとなり、その結果、人間性を阻害する危険性があると指摘しています。

**問二**　25行目の「勉強こそ、本来は仕事だった」と、「本来は」とあることから、「仕事」ではなく、「遊び」とあるべきです。

**問三**　文と文との論理的な関係を考えます。

**1**　「～なければ」とあることから、仮定の「もし」。

**2**　前の流れをひっくり返しているから、逆接の「だが」。

**3**　「働くことを余儀なくされた」結果、「仕事は時には人間を束縛し」とあるので、「その結果」。

**4**　哲学や文学も加えて、「学問も」とあるので、添加の「そして」。

**5** 因果関係を表す「だから」。

このように接続語はなんとなく感覚で答えるのではなく、論理的関係から決定します。

**問四** 空所直前に因果関係を表す「だから」があります。本来遊びであった勉強が仕事となったため、人間性が阻害される危険性があるのですから、次に来るのは勉強を本来の遊びに戻せという内容になるはずです。**ア**の「今こそ勉強を楽しめ」が唯一そうした内容なので、答え。

## 答え

問一 （第二段落）そもそも遊びと （第三段落）勉強こそ、本来

問二 勉強こそ、本来は仕事だった。

問三 1オ 2イ 3エ 4ア 5ウ

問四 ア

POINT

段落分けの問題も接続語の問題も論理的な関係から解決。

第8章

# 言葉では表現できないものを捉える

# 梶井基次郎の世界を読み解く

「感性を磨くトレーニング」、最後に登場するのは小説家の梶井基次郎です。梶井もまた中原中也と同じ昭和初期に活躍した作家で、夭折しています。そして彼の三一年間の生涯でなんと東京、三重、京都と二十回以上も転居しています。

梶井の家系は結核菌に呪(のろ)われているようでした。

当時、結核は不治の病とされ、今と違って治療法がありませんでした。肺を結核菌に冒され、血を吐いて死んでいくのですが、各地に結核療養所(サナトリウム)が作られ、この病気が多くの文学作品を生み出してきました。

というのは、結核はウイルス性なので、患者は隔離しなければなりません。空気のいい場所で療養生活を送れば、自然に治癒力で回復する可能性もあったのです。

ところが、肺を冒されているだけで、頭脳と胃腸は至って健康なので、本を読んだり、文章を書いたりすることはできます。しかも、孤独であり、死に直面しているので、否が応でも人生について深く考察することになります。

梶井の文学も結核が生んだものといえるかもしれません。

梶井が一二歳の時に祖母、一四歳の時には弟を結核で亡くしています。当然、彼は思春期の頃から結核という病気に直面し、死と対時（たいじ）することになります。

そして、一九歳の時、梶井自身が肺結核を発病。この後、彼は退廃的な生活を送ることになります。そうした中で次第に文学熱が高じ、作家を夢見ることになるのです。しかし、彼の文学生活にはいつでも死の影が覆っていました。

では、一九二五年、二四歳で発表された梶井の最高傑作「檸檬」の表現を参考に、日本語の感性を磨いていきましょう。

## 問題47

**次の文章を読んで、あとの問いに答えなさい。**

**その日私はいつになくその店で買物をした。というのはその店には珍しい檸檬が出ていたのだ。檸檬などごくありふれている。がその店というのもみすぼらしくはないいまでもただあたりまえの八百屋に過ぎなかったので、それまであまり見かけたことはなかった。いったい私はあの檸檬が好きだ。レモンエロウの絵具を**

チューブから搾(しぼ)り出して固めたようなあの単純な色も、それからあの丈の詰まった紡錘形の格好(かっこう)も。——結局私はそれを一つだけ買うことにした。それからの私はどこへどう歩いたのだろう。私は長い間街を歩いていた。始終私の心を圧(おさ)えつけていた不吉な塊がそれを握った瞬間からいくらか弛(ゆる)んで来たとみえて、私は街の上で非常に幸福であった。あんなに執拗(しつこ)かった憂鬱(ゆううつ)が、そんなものの一顆(いっか)で紛らされる——あるいは不審なことが、(　　)的なほんとうであった。それにしても心というやつはなんという不可思議なやつだろう。

梶井基次郎「檸檬」

問　(　　)に入る二字の言葉を、次の選択肢の漢字を組み合わせることによって答えなさい。

抽　具　逆　接　体　象　説

## 解説47

「檸檬」の中に基調として終始一貫して流れる憂鬱には、やはり梶井基次郎の結核に対する不快感が投影されています。

それを踏まえて今回の設問は評論用語の問題となっています。直前の「あんなに執拗かった憂鬱が、そんなものの一顆で紛らされる」は、逆説的表現になっています。

ちなみに**逆説とは、一見矛盾に見えるが、それがある種の真実を表現している場合のこと**です。その真実をより強調するときに用いると効果的な日本語の一つです。

生の輝きを真正面から受け入れることができず、常に憂鬱に支配されていた梶井が、たまたま店先で出会った檸檬一つでその憂鬱が晴れるようなミスマッチのおかしさは、読者により不思議な、それでいて妙にリアルな檸檬を想起させています。

そんな逆説的表現こそが真実を表すための彼特有の方法だったのかもしれません。

**逆説**

POINT

逆説は、一見真実と反対に思えるが、実はある種の真実を表現していること。

## 問題48

文章の続きを読んで、あとの問いに答えなさい。

どこをどう歩いたのだろう、私が最後に立ったのは丸善（京の老舗本屋）の前だった。平常あんなに避けていた丸善がその時の私にはやすやすと入れるように思えた。

「今日は一つ入ってみてやろう」そして私はずかずか入って行った。

しかしどうしたことだろう、私の心を充たしていた幸福な感情はだんだん逃げていった。香水の壜にも煙管にも私の心はのしかかってはゆかなかった。憂鬱が立て罩めて来る、私は歩き廻った疲労が出て来たのだと思った。私は画本の棚の前へ行ってみた。画集の重たいのを取り出すのさえ常に増して力が要るな！と思った。しかし私は一冊ずつ抜き出してはみる、そして開けてはみるのだが、克明にはぐってゆく気持はさらに湧いて来ない。しかも呪われたことにはまた次の一冊を引き出して来る。それも同じことだ。それでいて一度バラバラとやってみなくては気が済まないのだ。それ以上は堪らなくなってそこへ置いてしまう。以前の位置へ戻すことさえできない。私は幾度もそれを繰り返した。とうとうおしまいには日頃から大好きだったアングルの橙色の重い本までなおいっそうの堪えがたさのために置いてしまった。

――なんという呪われたことだ。手の筋肉に疲労が残っている。私は憂鬱になってしまって、自分が抜いたまま積み重ねた本の群を眺めていた。

以前にはあんなに私をひきつけた画本がどうしたことだろう。一枚一枚に眼を晒し終わって後、さてあまりに尋常な周囲を見廻すときのあの変にそぐわない気持を、私は以前には好んで味わっていたものであった。……

「あ、そうだそうだ」その時私は袂の中の檸檬を憶い出した。本の色彩をゴチャゴチャに積みあげて、一度この檸檬で試してみたら。「そうだ」

私にまた先ほどの軽やかな昂奮（こうふん）が帰って来た。私は手当たり次第に積みあげ、また慌しく潰（くず）し、また慌しく築きあげた。新しく引き抜いてつけ加えたり、取り去ったりした。奇怪な幻想的な（　　）が、そのたびに赤くなったり青くなったりした。

やっとそれはでき上がった。そして軽く跳（おど）りあがる心を制しながら、その城壁の頂きに恐る恐る檸檬を据えつけた。そしてそれは上出来だった。

梶井基次郎「檸檬」

問（　　）に入る言葉を、次の選択肢から選んで、記号で答えなさい。

ア絵　イ音　ウ色　エ城　オ夢

解説48

本屋に入ったことで憂鬱が再び「私」を襲います。しかし、袂にある檸檬の存在に……

気づくことで、憂鬱な梶井に再び軽やかな興奮が戻ってきました。それを比喩表現で表す印象的な場面です。

私は本屋の平台に画集を積み上げ、その頂（いただき）に檸檬を据えたのです。赤や青の奇怪な幻想的な画集の山の上に黄色い紡錘形の檸檬。その色彩や形は梶井の独特の感覚でしょう。

**イ**の「音」や**オ**の「夢」だと、本の色彩をつけ加えたり、取り去ったりという記述にあいません。**ア**の「絵」や**ウ**の「色」は色彩に関わるものの、直前に「積みあげ」「築きあげた」と表現されていることを考えれば、答えは**エ**の「城」となります。

空所直後にも「その城壁」とあるので、やはり「城」が答えとわかります。

**エ**

## 「幻視」こそ、究極の表現

視覚は五感の中で最も理性に近いものです。目の前の雑然とした情景はやがて整理され、秩序あるものとなるのですが、それは先にも触れたように脳髄の働きによるものです。

ところが、私たちは肉眼で見えるものを超えて、もっとその先まで見通せるときがあります。もちろん、その能力は特殊な才能を持った人間に限るのかもしれませんが、私たちは日本語によってそうした感覚を共有することができるのです。

それが「幻視」です。

五感ですべての物事を捉えるには限界があります。**幻視は決して妄想のたぐいではなく、言葉では説明できない奥深い何かを捉えるための大切な日本語の比喩表現**といえます。

梶井基次郎は私たちが見えないものを幻視します。死を絶えず意識することによって、平凡な日常が何か非日常的な奇怪なものに見えてくるのでしょう。

彼の感覚は異常なまでに研ぎ澄まされていきます。そして、それは微妙で繊細な日本語の使い方により、彼独特の感性へと昇華されるのです。

梶井基次郎「桜の樹の下には」からの練習問題です。

問題
49

次の文章を読んで、あとの問いに答えなさい。

桜の樹の下には屍体が埋まっている！

これは信じていいことなんだよ。何故って、桜の花があんなにも見事に咲くなんて信じられないことじゃないか。俺はあの美しさが信じられないので、この二三日不安だった。しかしいま、やっとわかるときが来た。桜の樹の下には屍体が埋まっている。これは信じていいことだ。

どうして俺が毎晩家へ帰って来る道で、俺の部屋の数ある道具のうちの、選りに選ってちっぽけな薄っぺらいもの、安全剃刀の刃なんぞが、千里眼のように思い浮かんで来るのか――おまえはそれがわからないと言ったが――そして俺にもやはりそれがわからないのだが――それもこれもやっぱり同じようなことにちがいない。

いったいどんな樹の花でも、いわゆる真っ盛りという状態に達すると、あたりの空気のなかへ一種神秘な雰囲気を撒き散らすものだ。それは、よく廻った独楽が完全な静止に澄むように、また、音楽の上手な演奏がきまってなにかの幻覚を伴うように、灼熱した（　）の幻覚させる後光のようなものだ。それは人の心を撲たずにはおかない、不思議な、生き生きとした、美しさだ。

梶井基次郎「桜の樹の下には」

問（　）に入る言葉を、次の選択肢から選んで、記号で答えなさい。

ア死　イ栄光　ウ奇怪　エ生殖　オ現実

解説 49

おそらく幼い頃から死を絶えず意識せざるを得なかった梶井にとって、生の持つ生臭さ、その強烈な色彩、貪欲な生命力は直視できないものだったに違いありません。

エ

彼はいつもその対局にいたのです。
「安全剃刀（かみそり）の刃」は死の象徴に他ならず、彼の脳裏にはその刀が千里眼のように思い浮かんでくるのです。

今は満開の花盛り。桜の花はあたりの空気に生の生臭さを撒き散らします。そこで、空所には「死」と反対の「生殖」が入るとわかります。

私たちは満開の桜の花を見てただ美しいと思い、時にはその下で飲み食いをし、大騒ぎをするだけですが、梶井の感性はその桜の屍体から養分を吸い上げていく生殖のむせるような匂いを嗅ぎ、落ち着かないでいるのです。

「安全剃刀の刃」「生殖」という対極にあるイメージをそれぞれ比喩表現にすることで、彼独自の幻視的な感性の世界を創り上げているのです。

**問題 50**

文章の続きを読んで、あとの問いに答えなさい。

しかし、昨日、一昨日、俺の心をひどく陰気にしたものもそれなのだ。俺にはその美しさがなにか信じられないもののような気がした。俺は反対に不安になり、憂鬱になり、空虚な気持になった。しかし、俺はいまやっとわかった。

おまえ、この爛漫（らんまん）と咲き乱れている桜の樹の下へ、一つ一つ屍体が埋まっていると想像してみるがいい。何が俺をそんなに不安にしていたかがおまえには納得がいくだろう。

馬のような屍体、犬猫のような屍体、そして人間のような屍体、屍体はみな腐爛して蛆（うじ）が湧き、堪らなく臭い。それでいて水晶のような液をたらたらとたらしている。桜の根は貪婪（どんらん）な蛸（たこ）のようにそれを抱きかかえ、いそぎんちゃくの食糸のような毛根を聚（あつ）めてその液体を吸っている。

何があんな花弁を作り、何があんな蕊（しべ）を作っているのか、俺は毛根の吸いあげる水晶のような液が、静かな（　　）を作って、維管束のなかを夢のようにあがってゆくのが見えるようだ。
——おまえは何をそう苦しそうな顔をしているのだ。美しい透視術じゃないか。俺はいまようやく瞳（ひとみ）を据えて桜の花が見られるようになったのだ。昨日、一昨日、俺を不安がらせた神秘から自由になったのだ。

梶井基次郎「桜の樹の下には」

問（　）に入る言葉を、次の選択肢から選んで、記号で答えなさい。

ア 行列　イ 音楽　ウ 色彩　エ 城壁　オ 幻想

## 解説 50

「私」は地面の中の桜の根を幻視することによって、満開の花のむせるような美しさの理由がわかり、不安から自由になります。

生殖の力とは物凄いもので、桜の花が満開となるには、私たちの目に見えないところで、その根は貪欲な蛸のように、いそぎんちゃくの食糸のように、屍体に巻き付き、その体液を貪（むさぼ）っているのです。

「生」と「死」、「生殖」と「屍体」と、この文章の見事さは比喩表現にあるだけでなく、その背後にはしっかりと「対立関係」という論理的な構図を設けていることです。

設問は比喩の問題で、根っこの中の液体が次々に吸い上げられる情景をたとえたものなので、「行列」が答え。

直後の「維管束のなかを夢のようにあがってゆく」という表現から「音楽」「城壁」「幻視」は不適切だと分かります。また色について触れている部分もなく「色彩」も不適切といえます。

**答え** ア

**POINT**

**一見、感覚的な文章でも、その背後には論理的な構図がある。**

問題51

文章の続きを読んで、あとの問いに答えなさい。

二三日前、俺は、ここの溪(たに)へ下りて、石の上を伝い歩きしていた。水のしぶきのなかからは、あちらからもこちらからも、薄羽かげろうがアフロディットのように生まれて来て、溪の空をめがけて舞い上がってゆくのが見えた。おまえも知っているとおり、彼らはそこで美しい結婚をするのだ。しばらく歩いていると、俺は変なものに出喰わした。それは溪の水が乾いた磧(かわら)へ、小さい水溜(みずたまり)を残している、その水のなかだった。思いがけない石油を流したような光彩が、一面に浮いているのだ。おまえはそれを何だったと思う。それは何万匹とも数の知れない、薄羽かげろうの屍体だったのだ。隙間なく水の面を蔽(おお)っている、彼らのかさなりあった翅(はね)が、光にちぢれて油のような光彩を流しているのだ。そこが、産卵を終わった彼らの墓場だったのだ。

俺はそれを見たとき、胸が衝(つ)かれるような気がした。墓場を発(あば)いて屍体を好む変質者のような残忍なよろこびを俺は味わった。

この溪間ではなにも俺をよろこばすものはない。鶯や四十雀も、白い日光をさらに煙らせている木の若芽も、ただそれだけでは、もうろうとした心象に過ぎない。俺には惨劇が必要なんだ。その平衡があって、はじめて俺の心象は明確になって来る。俺の心は悪鬼のように憂鬱に渇いている。俺の心に憂鬱が完成するときにばかり、俺の心は和んでくる。

――おまえは腋の下を拭いているね。冷汗が出るのか。それは俺も同じことだ。何もそれを不愉快がることはない。べたべたとまるで（　　）のようだと思ってごらん。それで俺達の憂鬱は完成するのだ。

ああ、桜の樹の下には屍体が埋まっている！

いったいどこから浮かんで来た空想かさっぱり見当のつかない屍体が、いまはまるで桜の樹と一つになって、どんなに頭を振っても離れてゆこうとはしない。

今こそ俺は、あの桜の樹の下で酒宴をひらいている村人たちと同じ権利で、花見の酒が呑めそうな気がする。

梶井基次郎「桜の樹の下には」

**問**（　　）に入る言葉を、次の選択肢から選んで、記号で答えなさい。

ア液体　イ精液　ウ粘土

**解説51**

薄羽かげろうの群れが浮き上がってくる美しい光景もそれと同じで、それらは生殖のために集まってきたのです。産卵が終わった後は死んでいくばかりで、その渓間は薄羽かげろうの墓場となります。

生のまばゆいばかりの美しさは、暗黒の死の世界に支えられているものなのです。

空所には、「生殖」に関連する言葉が入るので、「精液」が答え。ここでも「**対立関係**」**がポイント**です。

**答え**

**イ**

## 日本語を磨く最大の練習は、生の輝きを見つけること

「感性を磨くトレーニング」の章（偶数）の中で、石川啄木、中原中也、梶井基次郎の三人の作品を多く紹介しています。そして、三人の共通点に気がつき、愕然としています。

何も意図してこの三人を多く取り上げたわけではありません。感性を磨くためのテキストとして最もふさわしいと思った作品をセレクトしたわけですが、三人ともそろって病気で三十歳になってまもなく夭折しているのです。

私は今ふと思っています。三十年間の人生だからこそ、彼らは私たちよりもより凝縮した時間を経験したのではないのか、だからこそ、あれほどの感性を磨き上げることができたのではないか、と。

彼らの人生の中の一年の時間は、私たちの数年分に凝縮されたものではなかったのか。

もう一つ、彼ら三人はともに病死しています。

つまり、人生のどこかで、しかも多感な時期である思春期に否が応にも死と直面して生

きなければならなかったのです。さらに、彼らが文学活動を行った時期が昭和初期、戦争の影が忍び寄る軍国主義時代であったということ。国家主義の風潮の中で、個人の内面を凝視する文学を志すことは、時代的にかなり困難を極めたはずです。

そして、最後に彼らは生涯不遇であったこと。

彼らは自分の才能に対する矜持が人一倍強かったはずです。しかし、世間の誰もがそれを認めようとはしませんでした。そういったことに対する怒り、嫉妬、焦燥、悲哀、絶望が、絶えず彼らの精神をむしばんでいました。だからこそ、あれほどの繊細で深遠な文学的世界を生み出したのです。

何も感性を磨くには、誰もが若くして病死しなければならないといっているのではありません。話は簡単で、**彼らの残してくれた文学作品を「日本語の練習問題」として活用し、彼らの感性をそのまま自分のものにすればいい**だけの話です。

彼らはすべて日本語の名手です。

だからこそ、ここで紹介した「日本語の練習問題」は私たち日本人に多くのものを与えてくれます。

**感性を磨く最大のトレーニングは死を超えた向こう側にある、自分の生の輝きを見つけることかもしれません。**

私たち日本人は成長過程で日本語を習得し、日本語でものを考え、日本語で世界を捉えてきました。私たちにとって日本語は思考であり、感性であり、日本人の精神性そのものなのです。私たちはそうした日本語の美しさをもう一度取り戻すべきではないでしょうか。

**日本語の持つ潜在能力は凄いものがあります。**

そうした「日本語力」を果たしてどこまで理解し、自分の武器としてきたかと聞かれると、おそらくほとんどの人が「何もしてこなかった」と答えると思います。

しかし実際には、**仕事や人間関係において、文章や会話・スピーチが正しく伝わるよう表現する論理力と、それをうまく伝わるよう表現する感性が必要になります。**

私たちはしばしばこれを別々に鍛えようとして必ず失敗しますが、論理も感性も結局は日本語の使い方であり、それゆえ美しい日本語は誰でも鍛えることができる「後天的な能力」です。

本書をきっかけに、論理力を鍛え、感性を磨き上げ、より充実した人生を送っていただけることを切に願っています。

# おわりに

人生を変えることは、ある意味ではそう難しいことではないように思える。私たちは朝から夜寝るまで、生涯日本語を使い続けるのだから、その日本語を磨けば、徐々にではあっても、頭の使い方、世界の捉え方、他者との関係、教養、コミュニケーション力などがすべて変わるからである。それなのに日本語力を磨こうとしないのは、本当にもったいない気がする。

実は日本語を大切にしない人は、日本語によって復讐されているのに、本人はそのことに気がつかないでいるのである。粗雑な言葉の使い方をしている人はやがて粗雑な性格に、感情的な言葉の使い方をしている人はやがてヒステリックな性格に、まさに言葉にふさわしい人間にいつの間にかなっていくのである。

論理と感性は一見相矛盾するもののように思われがちである。ところが、どちらも日本語の力と密接に関わっている。情報を一定の法則の下に整理するのが論理であるならば、対象を繊細に、あるいは深く捉えるのが感性であって、それらを可能にするのが私たちにとっては日本語力なのである。

私は四十年近く、子どもから大人まで論理的な読解力、思考力、表現力を教えてきた。その一方、私の専門である日本文学を通して、「源氏物語」や「夏目漱石」「太宰治」などの解説書を数多く執筆してきた。その結果、私自身もまた論理力を獲得し、感性を磨くことができたように思う。それと同時に教養を自然と身につけてきたのである。

誰であろうと論理力と、感性、そして、教養を身につけたなら、仕事においても、人生においても、一目置かれる人間になることは間違いない。そして、それらは貧素な日本語力には実現不可能なことなのである。

本書は様々な名文を中心に、数多くの「日本語の練習問題」を掲載している。それらの問題を解くことで、論理力とはどういったもので、感性とは何なのかを具体的に理解できるように数々の工夫を積み重ねてきたつもりである。それと同時に日本語の美しさ、素晴らしさをぜひ実感してほしい。

本書によって、諸兄の日本語力が磨かれ、より豊かな人生を送られることを、切に願ってやまない。

二〇一九年 九月

出口 汪

※この書籍は2013年11月にサンマーク出版から刊行された『日本語の練習問題』を改題、大幅に加筆、再編集したものです。

**出口　汪**（でぐち　ひろし）

関西学院大学大学院文学研究科博士課程単位取得退学。

広島女学院大学客員教授、論理文章能力検定評議員、出版社「水王舎」代表取締役。

現代文講師として、入試問題を「論理」で読解するスタイルに先鞭をつけ、受験生から絶大なる支持を得る。そして、論理力を養成する画期的なプログラム「論理エンジン」を開発し、多くの学校に採用されている。

現在は受験界のみならず、大学・一般向けの講演や中学・高等学校教員の指導など、活動は多岐にわたり、教育界に次々と新機軸を打ち立てている。そして2019年4月に「出口式みらい学習教室」を立ち上げ、論理を通じて子供たちがAI時代に対応できる従来にない新しい教育を全国ではじめる。

著書に『出口汪の「最強！」の記憶術』『本当は怖い漢字の本』『出口先生の頭がよくなる漢字』（水王舎）、『出口汪の「日本の名作」が面白いほどわかる』（講談社）、『ビジネスマンのための国語力トレーニング』（日経文庫）など著書累計部数は1300万部を超える。出口汪の音声講義が聞き放題のネットサロン「出口塾」を開設、好評を得ている。

公式サイト http://www.deguchi-hiroshi.com
「出口式みらい学習教室」 https://www.deguchi-mirai.jp
ネットサロン「出口塾」https://lounge.dmm.com/detail/1990/

「日本語力」人生を変える最強メソッド

２０１９年10月10日　第一刷発行

著者　出口　汪
発行人　出口　汪
発行所　株式会社 水王舎
東京都新宿区西新宿６‐15‐１
ラ・トゥール新宿５１１
電話　０３‐５９０９‐８９２０

本文印刷　光邦
カバー印刷　歩プロセス
製本　ナショナル製本
装丁　福田和雄（FUKUDA DESIGN）
編集協力　仁科貴史
編集統括　瀬戸起彦（水王舎）


ISBN 978-4-86470-108-2 C0095